Georg Kaiser

Die Koralle

Schauspiel in fünf Akten

Georg Kaiser: Die Koralle. Schauspiel in fünf Akten

Erstdruck: Berlin, S. Fischer, 1917.

Neuausgabe
Herausgegeben von Karl-Maria Guth
Berlin 2021

Der Text dieser Ausgabe wurde behutsam an die neue deutsche
Rechtschreibung angepasst.

Umschlaggestaltung von Thomas Schultz-Overhage unter Verwendung
des Bildes: Georg Kaiser, 1921

Gesetzt aus der Minion Pro, 11 pt

Die Sammlung Hofenberg erscheint im Verlag
Henricus - Edition Deutsche Klassik GmbH, Berlin
Herstellung: Books on Demand, Norderstedt

ISBN 978-3-7437-3877-5

Bibliografische Information der Deutschen Nationalbibliothek:
Die Deutsche Nationalbibliothek verzeichnet diese Publikation in der
Deutschen Nationalbibliografie; detaillierte bibliografische Daten sind
im Internet über www.dnb.de abrufbar.

Henricus - Edition Deutsche Klassik GmbH, Berlin
Herstellung: Books on Demand GmbH, Norderstedt

Personen

Milliardär

Sohn

Tochter

Sekretär

Museumsdirektor

Arzt

Kapitän

Sängerin

Der Herr in grau

Der Mann in blau

Die Dame in schwarz

Die Tochter in schwarz

Das Fräulein in Taffet

Der erste,
Der zweite Richter

Der Geistliche

Die beiden Diener

Der Schreiber

Die beiden Wärter

Der gelbe Heizer

Der farbige Diener

Matrosen

Erster Akt

Ein ovaler Raum: »das heiße Herz der Erde«. In sehr heller Wandtäfe-lung liegen die Türen unsichtbar: zwei hinten, eine links. Nur zwei runde Sessel aus weißem Elefantenleder stehen mitten in großem Abstand gegenüber; der rechte mit einem Signalapparat an der äußeren Wange.

In diesem Sessel sitzt der Sekretär: das Profil ist auf eine unbestimmte Art von scheuer Energie. Straffes rötliches Haar steigt in schmalem Streifen bis gegen das Kinn nieder. Der Körper im Anzug von gröbstem Stoff ist klein; doch holt er aus irgendeiner fortwährenden angreiferischen Bereitschaft, die mit Anstrengung gebändigt wird, Wucht und Bedeutung. Im andern Sessel das Fräulein in Taffet.

SEKRETÄR. Würden Sie nun –

DAS FRÄULEIN IN TAFFET. O ich verstehe Sie: – mich kurz fassen. Ich bin nicht die einzige, die angehört sein will. Im Vorzimmer drängen sich die Menschen – und vielleicht sind ihre Wünsche be-rechtigter. Wer will das wissen? Es gibt Elend an allen Ecken der Erde. Ob meine Ecke, an die das Schicksal mich zu stellen für pas-send befunden hat, eine besonders windige ist –

SEKRETÄR. Um das zu beurteilen, muss ich Ihr Schicksal kennen.

DAS FRÄULEIN IN TAFFET. Die Hölle, mein Herr! – Jawohl, die Hölle. Ich verwende keinen extremen Ausdruck. Das ist meine Art nicht. Oder kann man das besser bezeichnen, wenn – – Man ist Mensch – man hat eine Mutter – an Gott glaubt man – – Nein, mein Herr, diese Fähigkeit ist mir nicht abhandengekommen – im Großen und Ganzen nicht! – – und – ich kann es nicht laut sagen –: Kaufe mir mein Brot mit meinem Leib!

SEKRETÄR. Suchen Sie Aufnahme in ein Asyl?

DAS FRÄULEIN IN TAFFET. Wo Blumenstöcke hinter den Fenstern leuchten –!

SEKRETÄR *zieht einen Schreibblock aus der Tasche und schreibt.* Sie haben zwei Jahre Zeit, um über die Grundlage einer neuen Existenz nachzudenken.

DAS FRÄULEIN IN TAFFET. Zwei – –

SEKRETÄR *gibt ihr das Papier.* Jedes Magdalenenheim steht Ihnen heute offen.

DAS FRÄULEIN IN TAFFET *zugleich seine Hand fassend und küssend – hysterisch.* Ich hatte meinen Kinderglauben nicht verkauft – Gott war mir nicht feil – nun sucht er mich mit seinem Boten – meines Gottes Bote – ich grüße Sie – kniend nehmen Sie meinen glühenden Dank. Mehr – mehr, Gott selbst geht wieder unter uns – wir sind alle gerettet – halleluja amen!

SEKRETÄR *drückt auf das Signalbrett.* Sofort kommen von links zwei Diener – herkulische Figuren – in gelber Livree. Sie heben das Fräulein in Taffet auf und führen es nach der Tür zurück.

DAS FRÄULEIN IN TAFFET *ekstatisch.* In ein Magdalenenheim – ich werde ein neuer Mensch – ein neuer Mensch – –!

Die drei ab.
Der Mann in blau wird von den Dienern eingelassen und in den Sessel geführt. Diener ab.

SEKRETÄR. Würden Sie –

DER MANN IN BLAU *mit stoßender Sprechweise.* Die Brust –

SEKRETÄR. Suchen Sie Aufnahme in eine Heilanstalt?

DER MANN IN BLAU *den Kopf in die Hände vergrabend.* Weggeschickt bin ich, nachdem ich mich von Kräften gearbeitet habe! – Bin ich ein alter Mann? Ich stehe in den besten Jahren – und sehe wie ein Greis aus. Der Anzug schlottert um mich, den ich einmal ausfüllte bis in die Nähte. Das System hat mich ruiniert –

SEKRETÄR. Sie sind Arbeiter?

DER MANN IN BLAU. Jeden ruiniert das System – die unmenschliche Ausnützung der Leistungsfähigkeit. Der Andrang ist ja groß genug – darum muss man schnell verbraucht werden, um Platz zu schaffen.

SEKRETÄR. Sie finden keine Beschäftigung in Fabriken?

DER MANN IN BLAU. Schon am Fabriktor werde ich abgewiesen. Seit zwei Wochen irre ich in den Straßen herum und habe das Letzte aufgezehrt, was ich hatte. Jetzt –

SEKRETÄR. Wir haben Landkolonien.

DER MANN IN BLAU. Die haben wir – ja. Die liegen drin im Land. Ich kann nicht so weit wandern.

SEKRETÄR. Die Kolonien sind mit der Bahn zu erreichen.

DER MANN IN BLAU. Ich – habe das Fahrgeld nicht!

SEKRETÄR *zieht den Schreibblock und schreibt. Ihm das Blatt gebend.* Zeigen Sie draußen die Anweisung.

DER MANN IN BLAU *liest – sieht auf.* Das ist mehr – als das Fahr-geld! *Stammelnd.* Ich habe Frau und Kinder – – ich kann sie mit mir nehmen – – ich wollte sie verlassen!
SEKRETÄR *drückt auf das Signalbrett.*

Die beiden Diener kommen.

DER MANN IN BLAU *schon nach links laufend.* Meine Frau – – meine Kinder! *Ab.*

Die Diener schließen hinter ihm die Tür – öffnen und lassen die Dame in schwarz mit der Tochter ein. Die Tochter trägt einen Violinkasten.

DIE DAME IN SCHWARZ *zu den Dienern.* Danke – ich stehe.

Die Diener ab.

SEKRETÄR *steht auf.* Würden Sie –
DIE DAME IN SCHWARZ *ruhig.* Ich entschloss mich zu diesem Gang als Mutter meiner Tochter. Vor einigen Monaten verlor ich meinen Mann. Er hinterließ mir so gut wie nichts. Es ist mir gelungen, eine Stellung zu finden, die mich ernährt. Allerdings würde ich niemals hinreichend verdienen, um für die Ausbildung meiner Tochter zu sorgen. Ich habe Grund zu der Annahme, dass das Talent meiner Tochter ihr eine Zukunft sichert. Ich habe davon abgesehen mir Atteste und Gutachten zu verschaffen. Das beste Zeugnis ihrer Be-fähigung ist ihr Spiel. Darf sie spielen?
SEKRETÄR. Ich denke, dass es auch Ihrer Tochter noch größeres Vergnügen nach vollendeter Ausbildung bereitet.
DIE DAME IN SCHWARZ. Darf ich aus diesen Worten –
SEKRETÄR *schreibt.*
DIE DAME IN SCHWARZ *zur Tochter.* Küsse die Hand.
SEKRETÄR *gibt der Dame in schwarz das Blatt.* Erheben Sie das mo-natlich bis zum Schluss des Studiums.
DIE DAME IN SCHWARZ *ohne zu lesen.* Dank wird Ihnen lästig sein, Sie hören ihn zu oft. Die Menschen müssen Ihnen erbärmlich erscheinen, Sie machen zu viele glücklich. Uns bleibt nur das Stau-nen vor dem Wunder: dass es jemanden gibt, der sich nicht vor uns verschließt, wenn wir mit unserm Kummer zu ihm kommen.

Uns alle anzuhören, das ist größerer Mut – als die Erfüllung unserer Bitten schon unsagbare Güte ist!

SEKRETÄR *drückt auf das Signalbrett.*

Die Diener kommen und führen die Dame in schwarz mit der Tochter weg.
Auf dem Signalbrett schnarrt eine Schelle.

SEKRETÄR *drückt sofort nochmals auf einen anderen Taster.*

Nur ein Diener von links.

SEKRETÄR *zu ihm.* Warten!

Der Diener ab.
Aus der Tür rechts hinten, die eine dichte Innenpolsterung zeigt, tritt rasch der Milliardär ein. Jene früher gegebene ausführliche Beschreibung des Sekretärs zielte nach dem Milliardär: der Sekretär ist bis auf die geringste Einzelheit nur sein Widerspiel. Noch in Sprache und Geste ist die Übereinstimmung vollkommen.

MILLIARDÄR. Die Bordliste der »Meeresfreiheit«. Nach der Ausfahrt gestern aufgenommen und heute Morgen mit Funkspruch hier gemeldet. Mein Sohn ist nicht unter den Passagieren genannt.

SEKRETÄR *liest das Blatt.* Nur sein Begleiter.

MILLIARDÄR. Die Liste ist unvollständig!

SEKRETÄR. Die Bordmeldungen pflegen genau zu stimmen.

MILLIARDÄR. Wo ist mein Sohn, wenn sein Begleiter auf dem Dampfer ist? Er muss mit der »Meeresfreiheit« reisen. Ich habe es gewünscht. Die Zeitungen hatten die Namen der Passagiere, die die erste Klasse belegt haben, gebracht, meinen Sohn an erster Stelle!

SEKRETÄR. Ich glaube nicht an einen Irrtum.

MILLIARDÄR. Er muss an Bord sein. Es gibt nur dies Schiff, auf dem er reisen kann. Es war mein ausdrücklicher Auftrag, den ich dem Begleiter schickte, diesen schnellsten und schönsten Dampfer zu benutzen! Die Meldung ist fehlerhaft. Setzen Sie sich mit dem Schifffahrtskontor in Verbindung. Fragen Sie an, wo der Fehler gemacht ist. Ob an Bord – oder bei der Herstellung der Liste!

SEKRETÄR *zögert.*

MILLIARDÄR. Warten Sie am Telefon auf die Antwort.

SEKRETÄR. Es wird mich aufhalten –

MILLIARDÄR. Worin?

SEKRETÄR. Es ist heute der »offene Donnerstag« – –

MILLIARDÄR *nachdenkend.* Der »offene Donnerstag« – –

SEKRETÄR *wartet.*

MILLIARDÄR *kurz.* Fragen Sie an. Ich werde solange hier sein.

SEKRETÄR *gibt ihm noch den Schreibblock.*

MILLIARDÄR. Machen Sie die Auskunft dringend und kommen Sie gleich mit dem Bescheid.

Sekretär durch die Tür links hinten ab.
Milliardär setzt sich in den Sessel, drückt auf das Signalbrett.
Die Diener lassen den Herrn in grau ein: von mächtigem Wuchs,
in weitem hellgrauen Anzug, dessen Taschen mit Zeitungen und
Broschüren vollgestopft sind. Runder roter Kopf, das Haar
weggeschoren. Sandalen.

DER HERR IN GRAU *nach den Dienern, die ihn in den Sessel weiter-*
führen wollen, mit der Reisemütze schlagend. Langsam. Pause. Atem
holen. *Da die Diener warten.* Sorgen Sie draußen für Ruhe – ich
nehme mir hier Zeit. *Gegen den Milliardär.* Sie wird mir bewilligt
werden. Mit drei Worten halte ich Ihre Aufmerksamkeit gebannt.
Zu den Dienern. Ich bin kein Raubtier.

Die Diener auf einen bezeichnenden Wink des Milliardärs ab.

MILLIARDÄR. Würden Sie –

DER HERR IN GRAU *sich umblickend.* Also dies ist der gelobte Raum
– die Quelle des großen Mitleids – das Heiligtum, von dem Liebe
und Hilfe ausgehen – *Mit beschreibender Gebärde.* Geschwungenes
Rund – bedeutsame Form – »das heiße Herz der Erde«!

MILLIARDÄR. Äußern Sie jetzt –

DER HERR IN GRAU. Eindrucksvoll die Kahlheit: zwei Sessel – und
Platz für Klagen und Jammerworte. Wunderlich, dass die Täfelung
nicht nachgedunkelt ist von den Notschreien, die gegen sie anprallen.

MILLIARDÄR *tastet nach dem Signalbrett.*

DER HERR IN GRAU *bemerkt es.* Schellen Sie nicht nach den Dienern.
Ich weiß es: Dieser »offene Donnerstag« ist kostbar für alle, die
warten. Jede vergeudete Minute besiegelt ein Menschenschicksal.

MILLIARDÄR. Wobei suchen Sie meine Hilfe?

DER HERR IN GRAU. Ich – *Sich weit vorlehnend.* – will Ihnen helfen!

MILLIARDÄR *greift unwillkürlich nach dem Taster.*

DER HERR IN GRAU. Kein Signal. Ich bin gesund – und was ich sage, ist lange überlegt. Ich habe den Stoff studiert – verarbeitet – und bin zu Ergebnissen gekommen – zu einer Lösung von lächerlicher Einfachheit. Der ganze Streit – dieser gigantische Kampf, der mit einem ungeheuren Aufwand von Mitteln und Gegenmitteln geführt wird – fällt hin – verrinnt – ist weg!

MILLIARDÄR. Was für ein Streit?

DER HERR IN GRAU. Der einzige, der dauernd tobt: zwischen arm und reich!

MILLIARDÄR. Den –

DER HERR IN GRAU. – will ich schlichten!

MILLIARDÄR *sieht ihn mit aufblitzendem Interesse forschend an.* Warum kommen Sie zu mir?

DER HERR IN GRAU. Es hat Sie überrascht. Aber ich musste Sie im ersten Augenblick fesseln. Sonst ging die Gelegenheit verloren. Ein zweites Mal hätten mich Ihre Diener nicht vorgelassen. Mit den beiden ist nicht zu spaßen. *Zeitungen und Zeitschriften aus den Taschen wühlend.* Jetzt will ich das, was ich vorhin auf den kürzesten Ausdruck gebracht hatte, entwickeln. Das ist das Material, das die erschöpfende Feststellung verschafft. Sozialistische Zeitungen, Zeitschriften, Broschüren – das ganze Arsenal des kämpfenden Proletariats. Aufrufe – Anpreisungen von Mitteln, die den Erfolg verheißen – Tarife – Tabellen – Statistik: eine Sintflut von Literatur. Literatur – weiter nichts. Es bringt keinen Schritt weiter – die Kluft klafft nur immer breiter, denn auf die Feindschaft bis aufs Messer ist es aufgebaut. *Alles wieder in die Taschen schiebend.* Schade um die Mühe. Zwecklose Wanderungen in Sackgassen. So wird das nichts. Verstehen Sie es?

MILLIARDÄR. Ich verstehe Sie nicht.

DER HERR IN GRAU. Was tun Sie hier? Sie schenken mit beiden Händen. Wer bittet, wird befriedigt. Im großen und im kleinen. Ihr Milliardenreichtum gestattet es. Sie machen diesen »offenen Donnerstag«. Jeder kommt und empfängt. Das Elend kriecht über diese Schwelle und tanzt als Glück hinaus. Dieser ovale Raum wird im Mund der Bedrückten zum Paradies: Hier pocht das Herz der Erde – heiß und erbarmend. Keine Minute stockt der Pulsschlag – er spendet und spendet. Warum tun Sie das?

MILLIARDÄR. Mein Milliardenreichtum –

DER HERR IN GRAU. Nein!

MILLIARDÄR. Sondern?

DER HERR IN GRAU. Ihr Reichtum ekelt Sie an!

MILLIARDÄR *hebt eine Hand auf.*

DER HERR IN GRAU. Nicht, dass es Ihnen so bewusst wäre – aber es gibt für mich keine andere Erklärung. Nehmen Sie sie von mir an. Ich habe das nicht von gestern auf heute gefunden. Ich bin in allen Sackgassen mühselig gelaufen – bis ich hier die offene Straße entdeckte, die allein zum Ziel führt.

MILLIARDÄR. Was für ein Ziel ist das?

DER HERR IN GRAU. Das Ende des Kampfes zwischen reich und arm. Was keine Partei – keine Parole zuwegebringt, das machen Sie mit einem Federstrich wirklich. Alles andere wird dadurch überflüssig: Ihr »offener Donnerstag« – »das heiße Herz der Erde« – die Versammlung des Elends im Vorzimmer. Es bleiben ja doch nur Tropfen, die Sie in das Meer von Jammer schütten. Aber mit diesem Federstrich künden Sie den ewigen Frieden an. Unterschreiben Sie diese Erklärung!

MILLIARDÄR *nimmt das Papier nicht.* Was soll ich erklären?

DER HERR IN GRAU. Dass Sie die Bereicherung des Einzelnen für die unerhörteste Schmach ansehen!

MILLIARDÄR. Dass ich –

DER HERR IN GRAU. Sie müssen es sagen. Sie – der Milliardär der Milliardäre. In Ihrem Munde erhält es Gewicht. Das beleuchtet blitzklar das Schlachtfeld, auf dem sich die Parteien bis an die Zähne bewaffnet gegenüberstehen. Das ist die weiße Parlamentärflagge, die hochgeht. Verhandlung – Verständigung. Der Kampf wird überflüssig, der Kriegsgrund ist beseitigt: Sie wollten nicht reich sein – Sie sind nur durch die Umstände gezwungen, reich zu werden. Jetzt kann man über die Abänderung dieser Zustände beraten – man findet die Lösung, weil man sie brüderlich sucht!

MILLIARDÄR. Ich bin schwerlich –

DER HERR IN GRAU. Sie allein sind es! – Sie wollen schenken weil Sie müssen. Etwas in Ihnen zwingt Sie dazu. Jetzt tun Sie es im kleinen – nun kennen Sie das größere: Jetzt werden Sie mit Freuden unterschreiben!

MILLIARDÄR *steht auf.*

DER HERR IN GRAU. Sie werden doch nicht die Diener rufen?

MILLIARDÄR. Ich – *Er steht nachdenkend hinter dem Sessel.*

DER HERR IN GRAU. Ich wusste es doch!

MILLIARDÄR. – will Ihnen eine Erklärung geben.

DER HERR IN GRAU. Ihre Unterschrift!

MILLIARDÄR *wehrt wieder ab.* Und Sie sollen mir sagen, ob ich unterschreiben kann.

DER HERR IN GRAU. Sie müssen es ja!

MILLIARDÄR *kommt in den Sessel zurück.* Da Sie ja so etwas wie die Weltordnung umstürzen wollen, muss ich meine Weltordnung vor Ihnen aufzubauen suchen. Kennen Sie meine Anfänge?

DER HERR IN GRAU. Aus eigener Kraft!

MILLIARDÄR. Aus eigener Schwäche!

DER HERR IN GRAU *sieht ihn verdutzt an.*

MILLIARDÄR. Oder sagen wir: Furcht – Angst. Schwäche und Furcht bedingen sich ja. Aber Sie werden es mit zwei, drei Worten nicht verstehen können. Mein Werdegang – so sagt man ja wohl – ist bereits in die Schulbücher übergegangen. Ich wiederhole also nur eine bekannte Erzählung. Ich gebe dieselben Daten – nur sind meine Deutungen anderer Natur. Mein Vater war Arbeiter in demselben Werk, das mir jetzt gehört. Ob er einen Kessel geheizt hat oder Lastträger war, weiß ich nicht. Viel Geld hat er wohl nicht verdient, denn wir existierten erbärmlich. An einem Montag – am Lohntag – kam er nicht nach Hause. Er war gekündigt, weil er verbraucht war – und hatte sich mit dem letzten Geld auf den Weg gemacht. Uns hätte er ja nicht mehr ernähren können. An diesem Abend nahm sich meine Mutter das Leben. Ich hörte irgendwo im Hause einen Schrei – ich lief nicht hin – ich wusste alles – ich war acht Jahre alt. In dieser Minute pflanzte sich mir das Entsetzen ein. Es stand vor mir wie eine graue Wand, über die ich hinweg musste, um vor dem Furchtbaren zu fliehen. Das Furchtbare, das aus dem Ausbleiben des Vaters mit der Löhnung und dem Schrei der Mutter zusammenfloss, das brachte mich auf den Weg – das trieb mich zur Flucht. Es stand hinter mir, wenn ich arbeitete – ich fand Arbeit beim Werk! – Es ließ mich keine Sekunde los – ich floh und floh – – – – und fliehe, weil es heute noch irgendwo hinter mir dasteht!

DER HERR IN GRAU. Sie haben sich verblüffend schnell hinaufgearbeitet.

MILLIARDÄR. Rastloser Fleiß – rastlose Flucht. Mehr nicht. Immer weiter musste ich, um den Abstand zwischen den Furchtbaren und mir zu verlängern. Es gab keine Gnade, das hatte ich gesehen. Es hetzte mich vorwärts. Die Angst, die mir in den Gliedern fror, machte mich erfinderisch. Da stehen Maschinen, die haben meinen Vater ausgesaugt – die haben meine Mutter an den Türhaken geschnürt – die werden mich zermalmen, wenn ich sie nicht unter mich zwinge. Das Werk – mit seinen Maschinen – mit seinen Menschen zwischen mich und das Furchtbare gestellt – das hat mir die erste Ruhe gegeben!

DER HERR IN GRAU *fährt sich über die Stirn.* Was wollen Sie denn damit – – Ein Erlebnis, wie hundertmal täglich es vorkommt – der Vater verschwindet – die Mutter – –

MILLIARDÄR. Mich schlug es nieder, weil ich besonders schwächlich war. Ich musste es sein, sonst hätte ich besser standgehalten. Aber ich lief davon, was ich laufen konnte. Sagt Ihnen das genug?

DER HERR IN GRAU *verwirrt.* Ich sträube mich –

MILLIARDÄR. Gegen den Schwächling vor Ihnen?

DER HERR IN GRAU. Sie müssen ja erbarmungslos gegen Ihre Mitmenschen sein!

MILLIARDÄR. Wer flieht, will nicht sehen, über wen er tritt!

DER HERR IN GRAU *sieht ihn an – froh.* Und widerlegen sich selbst: – »das heiße Herz der Erde«!

MILLIARDÄR. Ja – ich will von dem Elend nichts hören, das mich an das Furchtbare zu stark erinnern kann. Deshalb habe ich einen Tag im Monat bestimmt: den »offenen Donnerstag«. So weiß ich, wann ich mich zu verstecken habe.

DER HERR IN GRAU. Sie sitzen doch selbst hier und hören alles an!

MILLIARDÄR. Irrtum –: Mein Sekretär sitzt hier.

DER HERR IN GRAU *nach einer Pause – scharf.* Ist das Ihre Weltordnung?

MILLIARDÄR. Nicht meine – es ist **die** Weltordnung.

DER HERR IN GRAU. Die Klassen sind kürzer oder weiter vorgekommene Flüchtlinge?

MILLIARDÄR. Alle sind auf der Flucht.

DER HERR IN GRAU. Und die am raschesten Fliehenden – die –

MILLIARDÄR. Die verstörtesten Feiglinge –

DER HERR IN GRAU. Triumphieren!

MILLIARDÄR. Wie meinesgleichen!

DER HERR IN GRAU *stöhnt. Dann ironisch.* So muss ich erst auf eine Menschheit hoffen, die keine Feiglinge mehr unter sich zählt.

MILLIARDÄR. Es werden immer wieder Menschen geboren, die sich tiefer erschrecken. Es kommt auf den Anlass nicht mehr an. Es ist immer der Hebel gewesen, der sich selbst ansetzte. Fortschritt – es gilt nicht: wohin – sondern: fort wovon! – – Wird Ihnen jetzt mehr verdächtig? Ich spreche Ihre Vermutungen unumwunden aus. Mir sind diese Gedankengänge ja geläufiger. Woher stammen die Großen, die eine Welt erobern? Aus dem Dunkel steigen sie herauf, weil sie aus dem Dunkel kommen. Dort erlebten sie das Furchtbare – auf diese oder jene Weise. Schaurige Meteore sind sie, die grell aufflammen – und fallen!

DER HERR IN GRAU *spöttisch.* Und wann – fallen Sie?

MILLIARDÄR *schüttelt lächelnd den Kopf.*

DER HERR IN GRAU. Wie haben Sie sich gegen das Meteorschicksal versichert?

MILLIARDÄR. Ich habe einen Sohn.

Der Sekretär kommt zurück.

MILLIARDÄR *aus dem Sessel – dem Sekretär entgegen.* Ist jetzt der Irrtum berichtigt?

SEKRETÄR. Das Verzeichnis war vollständig.

MILLIARDÄR. Ohne meinen Sohn?

SEKRETÄR. Er befindet sich nicht auf der »Meeresfreiheit«.

MILLIARDÄR. Aber sein Begleiter reist doch mit der »Meeresfreiheit«!

SEKRETÄR. Er muss sich von ihm getrennt haben.

MILLIARDÄR. Der keinen Schritt von seiner Seite weichen durfte?

SEKRETÄR *schweigt.*

MILLIARDÄR. Ich will Aufklärung. Ich weiß ja in dieser Stunde nicht, wo mein Sohn ist! – Setzen Sie sich mit seinem Begleiter durch Funkspruch in Verbindung. Er soll berichten was vorgefallen ist. Es muss doch etwas vorgefallen sein. Ich begreife nicht, wie er ohne meinen Sohn reisen konnte!

SEKRETÄR. Ihr Sohn ist jung –

MILLIARDÄR *lächelnd.* Zarte Fesseln, die ihn –? Wir werden den Grund bald kennen.

Sekretär wieder ab.

MILLIARDÄR *in den Sessel zurückkehrend.* Habe ich Sie vorhin so stark erschüttert?

DER HERR IN GRAU *war beim Eintritt des Sekretärs aufgesprungen. Er starrt noch nach der Tür, durch die der Sekretär weggegangen ist. Dann wendet er sich zum Milliardär.* Bin ich doppelsichtig? Sitzen Sie hier? Sind Sie nicht eben da aus der Tür? Haben Sie mit sich selbst gesprochen?

MILLIARDÄR. Nein, ich habe mit meinem Sekretär verhandelt.

DER HERR IN GRAU. Der Sekretär –! Sind Sie Brüder? Aber es wäre auch das –

MILLIARDÄR. Sie sehen, es ist möglich.

DER HERR IN GRAU *sich in den Sessel fallen lassend.* Grauenhaft!

MILLIARDÄR. Ein Scherz, den sich die Natur vielfach leistet. Sie werden für jeden Menschen eine Wiederholung finden. Wenn Sie suchen, heißt es. Ich habe suchen lassen und und ich gebe zu, dass ich vom Glück begünstigt wurde.

DER HERR IN GRAU. Vom Glück –?

MILLIARDÄR. Es verschafft mir große Annehmlichkeiten. Ich kann da und dort sein, ohne mich selbst zu bemühen. Und auch an diesem »offenen Donnerstag« bin ich mit meiner gutbekannten Gestalt hier – und angle vielleicht zu meiner Erholung an einem entfernten Gewässer.

DER HERR IN GRAU. Wissen Sie denn selbst noch, wer Sie sind?

MILLIARDÄR. Ich denke doch.

DER HERR IN GRAU. Und sonst nimmt jeder den Sekretär für Sie?

MILLIARDÄR. Bis auf die beiden Diener, die über meine persönliche Sicherheit wachen.

DER HERR IN GRAU. Kein Mensch könnte den Unterschied entdecken?

MILLIARDÄR. Deshalb ist auch ein kleines unauffälliges Abzeichen angebracht. Eine Koralle, die der Sekretär an seiner Uhrkette trägt. Wer die Koralle hat, ist der Sekretär.

DER HERR IN GRAU. Und nur die Diener wissen es?

MILLIARDÄR. Es sind Detektivs.

DER HERR IN GRAU. Und wenn ich Ihr Geheimnis verrate?

MILLIARDÄR. Wer wird Ihnen glauben? Ein Märchen mehr über mich.

DER HERR IN GRAU *schüttelt heftig den Kopf.* Sie haben die Koralle nicht an der Kette – oder, ich habe nicht darauf geachtet, trugen Sie vorhin –

MILLIARDÄR. Nein, ich habe Ihnen von Anfang an Rede gestanden. Und wenn Sie noch den Schluss hören wollen –

DER HERR IN GRAU *lachend.* Das Ende Ihrer Flucht Hals über Kopf vor dem Furchtbaren! Oder gibt es keins?

MILLIARDÄR. In meinem Sohn. Ich habe auch eine Tochter, aber zum Sohn hat man die tiefere Beziehung. Haben Sie Kinder? Nein. Dann müssen Sie mir schon glauben. Im Sohn findet man seine Fortsetzung – während er selbst ein Anfang ist. Das ist ein Gesetz, das im Blut liegt. Ich weiß mit stärkster Gewissheit, dass es besteht! – Es wünscht doch jeder Vater: Mein Sohn soll es einmal besser haben. Das ist so der landläufige Ausdruck.

DER HERR IN GRAU. Er soll das Furchtbare, wie Sie es nennen, nicht kennen.

MILLIARDÄR. Soll ich noch mehr sagen? Das ist ja alles so verständlich.

DER HERR IN GRAU. Und Sie haben ihn bewahrt?

MILLIARDÄR. Ich lasse ihn ein helles Leben leben. Er hat keine Berührung mit dem, was in Ihren Broschüren schreit und jammert. Ich habe ihn abseits geführt.

DER HERR IN GRAU. Wo halten Sie ihn versteckt?

MILLIARDÄR. Ich halte ihn nicht verborgen. Die Erde hat so viele sonnige Küsten!

DER HERR IN GRAU. Wo man das Furchtbare verträumt!

MILLIARDÄR. Wo man sich eine glücklichere Vergangenheit schafft.

DER HERR IN GRAU. Von der Flucht in seligem Frieden rastet!

MILLIARDÄR. Im Paradies!

DER HERR IN GRAU. Sie haben den äußeren Doppelgänger gefunden – den Sekretär.

MILLIARDÄR. Erregt es Sie noch?

DER HERR IN GRAU. Nein, es ist Methode darin.

MILLIARDÄR. Inwiefern?

DER HERR IN GRAU. Jetzt formen Sie sich noch den inneren Doppelgänger – Ihren Sohn.

MILLIARDÄR. Vielleicht ist es meine Leidenschaft mich auszutauschen.

DER HERR IN GRAU. Wenn man so triftige Gründe hat.

MILLIARDÄR. So furchtsam ist.

DER HERR IN GRAU. Und so mächtig!

MILLIARDÄR. Wollen Sie mir jetzt noch helfen? Mit Ihrer Erklärung, die ich unterschreiben soll?

DER HERR IN GRAU *stößt seine Zeitungen usw. noch tiefer in die Taschen, atmend.* Sie haben mich verwirrt gemacht. Die Luft ist hier dick. Es presst einem den Schweiß durch die Poren.

MILLIARDÄR. Überdenken Sie es in Ruhe.

DER HERR IN GRAU. Es ist zu toll: das »heiße Herz der Erde« – – der »offene Donnerstag« – – – Die Konsequenzen!

MILLIARDÄR. Welche Konsequenzen?

DER HERR IN GRAU. Das Chaos tut sich auf!

MILLIARDÄR. Es ist aufgetan – darum rette sich auf einen festen Fleck, wer kann.

DER HERR IN GRAU *fast schreiend.* Sie retten sich nicht!

MILLIARDÄR. Ich habe einen Sohn.

DER HERR IN GRAU. Lassen Sie mich weg. Schellen Sie nach Ihren Dienern. Ich sehe die Tür nicht. Schellen Sie doch!

MILLIARDÄR *drückt den Taster.*

Die beiden Diener kommen.

DER HERR IN GRAU *mit drohender Gebärde nach dem Milliardär.* Sie haben meine Welt zertrümmert – noch unter dem Schutt begraben verfluche ich Sie – – verfluche ich Sie! *Die Diener packen ihn hart an und führen ihn hinaus.*

SEKRETÄR *tritt wieder ein.* Ein Funkspruch von Ihrem Sohn.

MILLIARDÄR. Vom Kontinent?

SEKRETÄR. Nein – von Bord.

MILLIARDÄR. Reist er –

SEKRETÄR *liest.* Soeben abgefahren –

MILLIARDÄR. Doch mit der »Meeresfreiheit«?

SEKRETÄR *schüttelt den Kopf.*

MILLIARDÄR. Verkehrt denn ein Schwesterschiff, das Luxuskabinen wie die »Meeresfreiheit« hat?

SEKRETÄR *liest weiter.* Auf dem »Albatros«.

MILLIARDÄR. »Albatros«? – Was ist das für ein Schiff?

SEKRETÄR. Ein – Kohlendampfer.

MILLIARDÄR. Ein – – Kohlendampfer – –? Gibt er eine Erklärung?

SEKRETÄR *zögert – reicht ihm das Telegramm.*

MILLIARDÄR *liest zu Ende.* – – Als Heizer! – – *Gegen den Sessel
taumelnd.* Was bedeutet das: mein Sohn – – auf einem Kohlendampfer – – Heizer?!

Zweiter Akt

Unter dem Sonnensegel auf der Milliardärsjacht. Hinten ein Stück der Reeling. Heiß flimmernde Meeresstille.

In weiß lackierten Rohrsesseln: Milliardär, die Tochter, der Museumsdirektor, der Arzt, der Kapitän – alle in weiß. Ein Neger stellt Eisgetränke hin.

Die Stimme der Sängerin in einiger Entfernung.

SÄNGERIN *den letzten Ton der Arie aushaltend und dämpfend kommt hinten und richtet ihren Kodak auf die Gruppe. Aufhörend und zugleich knipsend.* Danke. *Die anderen sehen nun erstaunt auf.* Für Reklamezwecke. Auf hoher See – an Bord der glänzendsten Jacht der Welt – und dies Publikum: das musste ich auf die Platte bringen. Sämtliche Opernhäuser der Erde überbieten sich mit Verträgen. *Sich in einen Sessel neben den Milliardär niederlassend.* Wenn **Sie** mir hingerissen zugehört haben – oder täusche ich mich? Sagen Sie doch die Wahrheit. Das Bild habe ich ja im Apparat!

MILLIARDÄR *etwas verlegen.* Nein, nein, wirklich außerordentlich –

Die anderen klatschen Beifall.

SÄNGERIN *fotografiert schnell.* Aufnahme zwei: der Applaus. *Dem Neger das Glas zurückgebend.* Heiße Limonade.

ARZT. Das wollte ich Ihnen eben empfehlen.

SÄNGERIN. Sehen Sie, Doktor, ich bin alles in einem: Sängerin, Impresario, Leibarzt.

MUSEUMSDIREKTOR. Damit machen Sie zwei Menschen brotlos.

SÄNGERIN. Ist das nicht überhaupt das Geheimnis des Aufstieges?

MUSEUMSDIREKTOR. Sie haben gesunde Nerven!

SÄNGERIN. Die schlechtesten?

ARZT. Wollen Sie mir, als Arzt, das einmal näher erklären?

SÄNGERIN. Ich sehe Gespenster.

ARZT. Was für Gespenster?

SÄNGERIN. Gespenster!

ARZT. Ja, ich habe noch keine gesehen.

SÄNGERIN. Weil Sie keine erregbare Natur sind. Und Künstler sind erregbare Naturen – und da sehen sie Gespenster.

ARZT. Also nur Künstler sehen Gespenster.

SÄNGERIN. Wir können ja eine Umfrage veranstalten. Das ist ein unterhaltsames Spiel auf See. Der Reihe nach. *Zum Milliardär.* Sehen Sie Gespenster?

MILLIARDÄR. Ich glaube, wir haben nicht die Zeit mehr – *Zum Kapitän.* Müsste jetzt nicht der »Albatros« gesichtet sein, Kapitän?

KAPITÄN. Diese Dampfer halten keine gleichmäßige Fahrt.

MILLIARDÄR. Bitte.

Kapitän ab.

ARZT. Was für ein Schiff ist eigentlich dieser »Albatros«?

MILLIARDÄR. Mein Sohn hat ihn entdeckt. Er muss besondere Vorzüge haben. Vielleicht die Jacht eines Freundes, den er sich auf seiner Reise erworben hat.

TOCHTER. Wir arrangieren mit dem »Albatros« eine Wettfahrt.

SÄNGERIN. Fabelhaft aufregend. So viel Films habe ich gar nicht.

TOCHTER. Wer verliert, wird gerammt.

ARZT. Mit der Besatzung?

TOCHTER. Fünf Minuten sind zum Einsteigen in die Motorbarkasse bewilligt. *Zum Milliardär.* Soll ich den Kapitän instruieren, dass er sich auf das Rennen vorbereitet?

MUSEUMSDIREKTOR. Und wenn wir dem unbekannten »Albatros« unterliegen?

TOCHTER. Ich bleibe auf der Brücke. Ich gebe die Befehle zur Maschine hinunter. Es wird Dampf aufgesetzt bis zum Äußersten.

ARZT. Bei dieser Temperatur.

TOCHTER. Auf der Brücke pfeift der Luftzug, in dem wir jagen.

ARZT. Ich dachte an den Maschinenraum.

TOCHTER *aufstampfend.* Ich kenne nur das Verdeck!

MILLIARDÄR. Ich glaube nicht, dass der »Albatros« schneller ist als wir. Damit verliert der Kampf seinen Reiz.

TOCHTER. Wenn mein Bruder mit ihm reist?

MILLIARDÄR. Wir wollen es ihn entscheiden lassen, er kennt ja den »Albatros« und uns.

Kapitän kommt zurück.

MILLIARDÄR. Gesichtet?

KAPITÄN. Noch nicht.

MILLIARDÄR *zur Tochter.* Du siehst, er läuft langsam. *Zu den anderen.* Vertreiben wir uns wieder die Zeit.

SÄNGERIN. Also das Gespensterspiel.

MILLIARDÄR *lebhaft zum Museumsdirektor.* Hat der Tintoretto wirklich keine Qualitäten?

MUSEUMSDIREKTOR. Große – größte.

MILLIARDÄR. Sie lehnten meine Schenkung ab.

MUSEUMSDIREKTOR *nickt.* Die Kreuztragung.

SÄNGERIN. Stoßen Sie sich an dem Gegenstand?

MUSEUMSDIREKTOR. Wenn ich ihn zum Prinzip erweitere – ja.

ARZT. Dann werden Sie aus der Galerie ungefähr die ganze alte Kunst auszuschalten haben.

SÄNGERIN. Dozieren Sie, Direktor, ich knipse auf dem Höhepunkt Ihres Vortrages Ihr Publikum.

MUSEUMSDIREKTOR. In diesem neuen Museum, das ich leiten soll, propagiere ich den Bruch mit jeder Vergangenheit.

ARZT. Und was bleibt übrig?

SÄNGERIN. Leere Wände.

MUSEUMSDIREKTOR. Leere Wände, für deren Bedeckung ich so gut wie nichts habe.

ARZT. Ein originelles Museum.

TOCHTER. Tennishallen.

MUSEUMSDIREKTOR. Es soll eine Verlockung zur neuen Leistung werden. Ein betonter Anfang. Das bedeutet durchaus keine abfällige Kritik des vorhergegangenen – die Anerkennung ist sogar maßlos. Wir sitzen alle noch in seinem Schatten. Das quält uns irgendwie. Wir müssen wieder in das volle Licht hinein – und abschütteln diese Kreuztragung. So stellt es sich mir dar. Wie eine Kreuztragung lastet das auf uns – diese Masse der Vergangenheit, von der wir nicht wegkommen ohne Gewalt und Verbrechen – wenn es sein muss!

ARZT. Ist das möglich – ohne Selbstbetrug?

MUSEUMSDIREKTOR. Das weiß ich nicht.

ARZT. Ich fürchte, die Kreuztragung ist unabwendbar.

MUSEUMSDIREKTOR. Man muss die Zukunft fest wollen.

ARZT. In Ihrer Galerie mag es gelingen.

MUSEUMSDIREKTOR. Weiter setze ich auch meine Ansprüche nicht.

ARZT. Im Leben, denke ich, wird niemand über seinen Schatten springen können.

Ein Matrose kommt und macht dem Kapitän Meldung. Ab.

KAPITÄN *steht auf; zum Milliardär.* Der »Albatros« ist dicht auf von steuerbord.

MILLIARDÄR *erregt.* Schicken Sie das Motorboot hinüber!

Kapitän ab.

ARZT. Da wird sich ja gleich zeigen, was an dem Märchenschiffe ist.

SÄNGERIN. Der Matador.

MUSEUMSDIREKTOR. Meine Neugierde ist auf das Höchste gespannt.

TOCHTER. Ich funke ihm die Aufforderung zum Rennen.

MILLIARDÄR *hält sie zurück. Zu den anderen.* Gehen Sie voran, wir folgen Ihnen nach.

Sängerin, Museumsdirektor und Arzt ab.

MILLIARDÄR. Ich habe mit dir etwas zu besprechen.

TOCHTER. Jetzt?

MILLIARDÄR. Nur eine Frage, die ich an dich richten will.

TOCHTER. Was denn?

MILLIARDÄR. Würdest du dich entschließen – den Museumsdirektor zu heiraten?

TOCHTER. Das – weiß ich nicht!

MILLIARDÄR. Ich dränge auf deine Entscheidung, weil –

TOCHTER. Ich kenne ihn doch kaum.

MILLIARDÄR. Ich selbst –

TOCHTER. Wie kannst du mir dann zureden?

MILLIARDÄR. Als er vorhin sprach, machte er mir Eindruck, wie ich ihn noch nicht von einem Menschen hatte.

TOCHTER. Er wies die Schenkung zurück. Hat dir das imponiert?

MILLIARDÄR. Seine Anschauungen haben mir gefallen. Diese innere Unabhängigkeit, die er hat – dass es für ihn nur die Zukunft gibt – die die Vergangenheit auslöscht –

TOCHTER. Ich habe ihm nicht zugehört.

MILLIARDÄR. Du würdest mir eine Freude –

TOCHTER. Das macht meine Überlegung überflüssig!
MILLIARDÄR *schüttelt ihre Hände.* Jetzt wollen wir deinen Bruder
erwarten.

Beide ab.
Schiffsglocke und hohe Sirene. Matrosen öffnen hinten die Reeling
und winden die Schiffstreppe hinab.
Alle kommen zurück, sich über die Reeling beugend:
Tücherschwenken und Hallorufe.

ARZT *unter das Sonnensegel tretend.* Das ist ja ein ganz schwerfälliger
Kasten.
MUSEUMSDIREKTOR *ihm folgend.* Er macht eben seinem Namen
»Albatros« Ehre.
ARZT. Haben Sie sonst noch Passagiere drüben entdecken können?
MUSEUMSDIREKTOR. Das ist vielleicht der Reiz der Reise gewesen.
ARZT. Ich danke.
SÄNGERIN *tritt zu ihnen, den Kodak im Rücken haltend.* Diskretion
– Familienszene!

Sohn – in einem grauen Anzug – steigt die Schiffstreppe empor
und wird von der Tochter stürmisch begrüßt. Kapitän steht
salutierend.

SOHN. Ihr habt mir aufgelauert?
TOCHTER. Seit zwei Tagen kreuzen wir auf dieser Stelle. Die Lange-
weile war fabelhaft.
MILLIARDÄR. Ich wollte dich überraschen.
SOHN. Das ist dir vollständig gelungen. Deine Gäste?
MILLIARDÄR. Nur der engste Kreis.
SOHN *geht von einem zum anderen, begrüßt wortlos. Dann steht er*
bei einem Sessel.

Es herrscht eine verlegene Stille.

TOCHTER *wirft sich in einen Sessel.* Mir ist das zu feierlich.
MILLIARDÄR *auf die Sessel einladend.* Bitte.

Alle setzen sich – Sohn folgt zögernd.
Kapitän kommt und setzt sich.

SOHN *verwundert zu ihm.* Fahren wir denn nicht?

MILLIARDÄR. Ich habe gedacht, dass wir noch drei, vier Tage auf See bleiben.

SOHN. Wenn es dein Wunsch war –

MILLIARDÄR. Deinetwegen.

SOHN. Warum?

MILLIARDÄR. Nach dieser Reise –

TOCHTER. Der »Albatros« – ich habe ihn in der Aufregung nicht gesehen. Ist er große Klasse? Wie viel Meilen?

Museumsdirektor und Arzt lachen.

SOHN. Was gibt es denn mit dem »Albatros«?

TOCHTER. Wir wollten ihn nämlich herausfordern. War er ein scharfer Gegner?

SOHN. Darüber lachen Sie. – Nein, Schwester, ein Gegner in diesem Sinne ist der »Albatros« nicht.

TOCHTER *erstaunt.* Warum reist du denn nicht auf der »Meeresfreiheit«?

MILLIARDÄR *unruhig, ablenkend.* Von deinen Eindrücken in den großen Städten der Erde –

SÄNGERIN. Haben Sie überall die Oper besucht?

SOHN. Wir können doch den Charakter des »Albatros« feststellen: Er ist ein Kohlendampfer! – Kapitän, Sie müssen doch die Schiffe kennen, die verkehren?

KAPITÄN. Auf diesen »Albatros« hätte ich nicht geraten.

SOHN. Weshalb nicht?

KAPITÄN *lächelt.*

SOHN *an die anderen.* Ist das so wunderbar? Fahren nicht andere Menschen auf solchen Schiffen?

KAPITÄN. Für Passagiere sind sie nicht eingerichtet.

SOHN. Für die nicht – aber die Matrosen, Heizer sind doch Menschen?

MUSEUMSDIREKTOR *nach einer Stille.* Sie verstehen sich die Genüsse mit einigem Raffinement zu verschaffen.

SOHN. Welche Genüsse?

MUSEUMSDIREKTOR. In diesem Gegensatz von Kohlendampfer und dieser Jacht bietet sich erst die rechte Möglichkeit ihren Luxus zu genießen.

SOHN. Oder zu – – *Abbrechend und sich an den Milliardär wendend.*
Hat dir mein Begleiter berichtet?

MILLIARDÄR. Ich habe nicht mit ihm gesprochen.

SOHN. Er muss doch seit zwei Tagen angekommen sein?

MILLIARDÄR. Zwei Tage liege ich hier draußen.

SOHN. Bist du mit ihm unzufrieden? Die Schuld trage ich. Er hat
sich gewiss jede Mühe gegeben.

MILLIARDÄR *ausweichend.* Willst du dich jetzt nicht umkleiden?

TOCHTER. Du trägst ja einen Straßenanzug.

SOHN. Er schützt besser gegen Kohlenstaub, der wirbelte. Außerdem
war er weniger auffällig – und klugerweise passt man sich an.

MILLIARDÄR. So passe dich uns an – und stecke dich von Füßen
bis zum Hals in weiß.

SOHN. Du musst mir schon mein Vergnügen lassen.

SÄNGERIN *mit dem Kodak.* Sehr interessante Bildwirkung.

SOHN. Weiter ist das für Sie nichts?

ARZT. Bei dieser überstiegenen Temperatur empfiehlt sich weiße Be-
kleidung aus gesundheitlichen Rücksichten.

MILLIARDÄR. Da hörst du unsern besorgten Doktor.

SOHN *mit unterdrückter Schärfe.* Würden Sie Ihrem ärztlichen Rat
auch im Maschinenraum Geltung verschaffen?

ARZT. Schwerlich.

SOHN. Weil Sie damit nicht durchdringen. Aus Gründen der Beschäftigung mit schwarzer Kohle.

ARZT. Gewiss.

SOHN. Also darf die Gesundheit dort unten leiden – und hier oben
sich pflegen?

MUSEUMSDIREKTOR. Sie haben wohl mehr auf Ihrer Reise gesehen,
als Sie –

SOHN. Wenn man zum ersten Mal unterwegs ist, sperrt man die
Augen weiter auf.

TOCHTER. Bist du mit Fürsten zusammengetroffen?

SÄNGERIN. Erzählen Sie doch.

SOHN. Täglich.

TOCHTER. Hast du Freundschaft geschlossen? Besucht dich wer?

SOHN. Auf meinem Kohlendampfer könnte ich dir fünf, zehn vorstel-
len. Komm das nächste Mal mit.

MUSEUMSDIREKTOR. Wollen Sie noch mal –
SOHN. Genüsse mir raffinieren?

*Ein Matrose kommt, meldet dem Kapitän. Der Kapitän geht zum
Arzt und flüstert mit ihm. Die drei ab.*

SOHN. Fahren wir doch?
MILLIARDÄR. Ich habe nichts angeordnet.
SOHN. Warum ging der Arzt mit dem Kapitän?
SÄNGERIN. Vielleicht ein Unfall unter der Mannschaft.
SOHN. Wollen Sie nicht eine Aufnahme machen?
TOCHTER. Wir könnten wirklich fahren, um Luft zu bekommen.
    Die Hitze drückt unerträglich.
SOHN. Und wir wohnen auf dem Verdeck!
SÄNGERIN. Ist es anderswo kühler?
SOHN. Nein – aber heißer.
SÄNGERIN. Gibt es das?
SOHN. Steigen Sie zu den Heizern hinunter!
MILLIARDÄR. Jetzt werde ich veranlassen, dass wir fahren!
MUSEUMSDIREKTOR *ironisch.* Schonen Sie doch die Heizer.
SOHN. Wissen Sie, was es heißt, vor den Feuern stehen?
MUSEUMSDIREKTOR. Ich habe die Gelegenheit nicht gesucht.
SOHN. Und für eine Schilderung bringen Sie keine Interesse auf?
MUSEUMSDIREKTOR. Durch einen Fachmann anschaulich gemacht –
SOHN. Ich bin Fachmann!
MILLIARDÄR *zur Tochter.* Sage doch dem Kapitän –
TOCHTER. Volle Fahrt!
SÄNGERIN. Die Damen übernehmen das Kommando!
TOCHTER. Wir stellen einen neuen Rekord auf. Heute Abend wird
    er an die Zeitungen gefunkt und die Welt platzt morgen vor Neid!

Tochter mit der Sängerin ab.

SOHN. Verhinderst du nicht den Unfug?
MILLIARDÄR. Die Jacht hat ihre volle Schnelligkeit noch nicht gezeigt.
SOHN. Dann bitte ich dich mich vorher von Bord zu lassen.
MUSEUMSDIREKTOR. Sie sind an Schnelligkeit seit dem Kohlen-
    dampfer nicht mehr gewöhnt.
SOHN. An Leichtsinn!
MILLIARDÄR. Du hast immer Gefallen an solchen Spielen gefunden.

SOHN. Ich schäme mich, so spät zur Besinnung gekommen zu sein.

MILLIARDÄR. Was heißt das?

SOHN. Dass ich – – *Nachdrücklich.* Ich kann diese Rekordfahrt nur vor den Kesseln mitmachen!

MILLIARDÄR *zum Museumsdirektor.* Lassen Sie die Damen nicht auf der Brücke warten.

Museumsdirektor ab.

MILLIARDÄR *langsam.* Bist du wirklich auf jenem Dampfer als Heizer gefahren?

SOHN. Ich war nicht ausdauernd genug – und musste Passagier bleiben.

MILLIARDÄR. Hat es dich gereizt –

SOHN. Der Dampfer ist ja das Unwichtigste.

MILLIARDÄR. Du hast dich auf deiner Reise über manches gewundert?

SOHN. Wie Schuppen ist es mir von den Augen gefallen. Das ganze Unrecht, das wir begehen, wurde mir offenbar. Wir Reichen – und die andern, die ersticken in Qualm und Qual – und Menschen sind, wie wir. Mit keinem Funken Recht dürfen wir das – weshalb tun wir es? Ich frage dich, warum? Sage mir eine Antwort, die dich und mich entschuldigt?

MILLIARDÄR *starrt ihn an.* Das fragst du?

SOHN. Ich frage dich – und höre nicht wieder auf zu fragen. Ich bin dir heute wie noch nie in meinem Leben dankbar. Du hast mir diese Reise geschenkt – ohne die ich blind geblieben wäre.

MILLIARDÄR. Du wirst wieder vergessen.

SOHN. Was in mir ist – mich erfüllt durch und durch? Erst müsste ich mich selbst auslöschen.

MILLIARDÄR. Was – ist in dir?

SOHN. Das Grauen vor diesem Leben mit seiner Peinigung und Unterdrückung.

MILLIARDÄR. Deine Reiseerlebnisse genügen nicht –

SOHN. Genügen nicht?

MILLIARDÄR. Du übertreibst flüchtige Erfahrungen.

SOHN. Im Blute brennen sie mir! Nach allem anderen das schlagendste Bild: Da am Kai liegt die »Meeresfreiheit«. Bewimpelt, Musik. Auf Deck spazieren die Passagiere in hellen Kleidern, schwatzen – sind lustig. Wenige Meter tiefer die Hölle. Da verbrennen Menschen zuckenden Leibes in heißen Schächten vor fauchenden Feuerlöchern. Damit wir eine schnelle und flotte Fahrt haben! – Ich hatte meinen Fuß schon auf die »Meeresfreiheit« gesetzt – aber ich musste umkehren – und erst auf diesem »Albatros« schlug mein Gewissen ruhiger!

MILLIARDÄR. Und jetzt hast du diese Erschütterungen überwunden?

SOHN. Hier erhalten sie die äußerste Steigerung! Hier – auf deiner Luxusjacht! Scham presst mir das Blut unter die Stirn! In Sesseln liegen wir träge – und jammern über die Hitze, die von der Sonne kommt. Eiswasser schlürfen wir und sind von keinem Staube im Halse gereizt! – Hier unter den weichen Sohlen deiner weißen Schuhe brodelt das Fieber. Halbe Dunkelheit herrscht! – Reiße diese Wand von Holzplanken auf – die so dünn ist und so grauenhaft trennt! – und sieh hinab – seht alle hinab – und erlebt es auch: dass euch das Wort im Munde stockt, mit dem ihr euch vor einem da unten brüsten wollt!

Arzt schlendert herein.

SOHN *rasch zu ihm.* Was hat es gegeben, Doktor?

ARZT. Ein gelber Heizer ist zusammengebrochen.

SOHN. Tot?

ARZT *schüttelt den Kopf.* Hitzschlag.

SOHN. Wohin haben Sie ihn gebracht?

ARZT. Ich habe ihn vor den Luftschacht unten legen lassen.

SOHN. Nicht auf das Verdeck geschafft?

ARZT. Nein.

SOHN *kurz.* Warten Sie hier. *Ab.*

ARZT *lässt sich in einen Sessel fallen – zum Neger.* Eiswasser. *Zum Milliardär.* Ich finde, dass sich die Nerven außerordentlich bei diesem längeren Stilliegen auf See beruhigen. Ich möchte Ihnen das zweimonatlich je fünf Tage verordnen.

MILLIARDÄR *steht unbeweglich.*

ARZT. Ich verspreche mir gute Erfolge für Sie von dieser Diät.

MILLIARDÄR *stumm.*

ARZT. Allerdings wird der besondere Reiz, Ihren Sohn zu erwarten, später fehlen, aber Ihre Tochter wird sich erfinderisch in Überraschungen gemäßigterer Art zeigen. Ich werde mit ihr in diesem Sinne sprechen.

Stimmen und Schritte nähern sich.

ARZT *stellt das Glas hin.* Ein Bordspiel im Gange?

Matrosen bringen den halb nackten gelben Heizer.

SOHN. Hierhinein!

ARZT *aufstehend.* Was ist das?

SOHN. Sessel zusammenrücken. Doktor, fassen Sie an. Es geht um ein Leben. *Zu den Matrosen.* Niederlegen. *Zum Neger.* Eiswasser. *Zum Arzt.* Vorwärts, Doktor, Sie verstehen das besser als ich. Waschen Sie die Brust ab. *Zum Milliardär.* Du erlaubst doch, dass dein Leibarzt hier Hand anlegt? *Zum Arzt.* Besteht Gefahr?

KAPITÄN *kommt – gedämpft zum Milliardär.* Ich habe nichts verhindern können.

MILLIARDÄR *schüttelt heftig den Kopf.*

Tochter und Sängerin kommen.

SOHN *zur Tochter.* Willst du uns nicht helfen, Schwester? Ein Mensch kann hier sterben!

TOCHTER *tritt heran.*

SOHN. Tauche deine Hände in das Eiswasser und lege sie ihm auf die heiße Brust. Es ist deine Pflicht, zu der ich dich aufrufe!

TOCHTER *tut es.*

SOHN *außer sich zum Arzt.* Doktor, Sie müssen ihn retten – sonst bin ich ein Mörder!

MILLIARDÄR *starrt auf die Gruppe – bewegt den Mund – murmelt endlich.* Das Furchtbare!

SÄNGERIN *stellt den Kodak ein – zum Museumsdirektor.* Solche Aufnahme habe ich noch nicht gemacht. *Sie knipst.*

Dritter Akt

Quadratischer Raum, dessen Hinterwand Glas ist: Arbeitszimmer des Milliardärs. Rechts und links auf den Wänden, vom Fußboden bis an die Decke hoch, mächtige brauntonige Fotografien, Fabrikanlagen darstellend. Breiter Schreibtisch mit Rohrsessel; ein zweiter Sessel seitlich. Draußen Schornsteine dicht und steil wie erstarrte Lavasäulen, Rauchwolkengebirge stützend.

MILLIARDÄR *vorm Schreibtisch.* Wie viel Tote?

SEKRETÄR *neben dem Schreibtisch stehend.* Die genaue Zahl der Opfer ließ sich nicht feststellen, da die Geretteten, zu Tage gebracht, davonliefen und sich bis gestern nicht meldeten.

MILLIARDÄR. Warum entfernten Sie sich?

SEKRETÄR. Sie müssen in der dreitägigen Eingeschlossenheit unter der Erde Entsetzliches erlebt haben.

MILLIARDÄR. Vor dem sie weiter und weiter fliehen?

SEKRETÄR. Sie kamen wie aus Gräbern verstört herauf, mit Schreien und Schütteln.

MILLIARDÄR. Wer bis übermorgen sich an der Arbeitsstelle nicht einfindet, wird nicht wieder angenommen.

SEKRETÄR *Notizen machend.* Bis übermorgen.

MILLIARDÄR. Wie verlief die Versammlung? Wurde ich mit Widerspruch gesehen? Ließ man mich ungestört sprechen?

SEKRETÄR. Nein.

MILLIARDÄR. War ich in Lebensgefahr?

SEKRETÄR. Allerdings.

MILLIARDÄR. Wie schützte ich mich?

SEKRETÄR. Ich hatte Militär requiriert, das schussbereit sich vor mir aufstellte.

MILLIARDÄR. Kam es zu Zwischenfällen?

SEKRETÄR. Ein einzelner machte stärkere Zwischenrufe.

MILLIARDÄR. Was sagte er?

SEKRETÄR. Mörder.

MILLIARDÄR. War er nicht zu finden?

SEKRETÄR. Die Menge deckte ihn.

MILLIARDÄR. Er muss festgestellt werden. Drohen Sie mit Maßnahmen, falls er nicht ausgeliefert wird.

SEKRETÄR *notiert.*

MILLIARDÄR. Herrscht jetzt Ruhe?

SEKRETÄR. Der Schacht ist heute wieder befahren.

MILLIARDÄR. Welches Mittel wendete ich an?

SEKRETÄR. Ich kündigte die Stillegung des ganzen Betriebes an.

MILLIARDÄR. Danke. *Eine grüne Lampe brennt auf dem Schreibtisch auf. Milliardär nimmt den Hörer. Erstaunt.* Wer? – Meine Tochter? – Hier? – Ja, ich erwarte sie. *Zum Sekretär.* Vertreten Sie mich in der vierundzwanzigsten Fabrik. Es hat eine Explosion stattgefunden, ich habe mich für den Nachmittag angemeldet.

SEKRETÄR *notiert.*

MILLIARDÄR. Danke.

Sekretär links durch eine in der Fotografie unsichtbare Tür ab.

MILLIARDÄR *steht auf, tut einige rasche Schritte gegen die Wand rechts, besinnt sich – kehrt auf seinen Sessel zurück und vertieft sich in Arbeit.*

Einer der Diener öffnet rechts eine unsichtbare gepolsterte Tür. Tochter tritt ein. Diener ab.

MILLIARDÄR *sich umsehend.* Dein erster Besuch im väterlichen Geschäftshaus.

TOCHTER *sich umsehend.* Ja – zum ersten Male sehe ich das.

MILLIARDÄR. Eine fremde Welt! – Ist es so dringend, dass du es dir nicht bis zum Abend vor dem Kamin aufsparen willst?

TOCHTER. Ich kann es dir nur hier erklären.

MILLIARDÄR. Soll ich mich auf die froheste Nachricht vorbereiten?

TOCHTER. Welche ist das?

MILLIARDÄR. Ich bat dich damals um etwas, als wir deinen Bruder erwarteten. Auf der Jacht.

TOCHTER *kopfschüttelnd.* An das habe ich nicht mehr gedacht.

MILLIARDÄR *seine Unruhe unterdrückend – heiter.* Wirklich nicht?

TOCHTER. Auf der Jacht gab es mir den Anstoß.

MILLIARDÄR. Zu deinem hellsten Glück?

TOCHTER. Zu meiner unabweisbaren Pflicht!

MILLIARDÄR *hebt abwehrend eine Hand gegen sie hoch.* Nein – – nicht das!

TOCHTER *ruhig.* Als ich meine Hände von der kochenden Brust des gelben Heizers aufhob, waren sie gezeichnet. Das Mal ist in meinem Blut bis zum Herzen zurückgesunken. Ich habe nicht mehr eine Wahl. Ich fühle die Bestimmung. Ich unterwerfe mich auch willig. Den Platz sollst du mir anweisen, wo ich es erfülle.

MILLIARDÄR. Was willst du tun?

TOCHTER. Schicke mich zu den Elendesten, die krank liegen. Die in deinen Fabriken verunglückten. Ich will sie pflegen.

MILLIARDÄR. Du weißt nicht, was du sagst.

TOCHTER. Ja, du kannst erst meiner Tat Glauben schenken. Ich will zum Schacht, in dem sich die Katastrophe ereignete.

MILLIARDÄR. Was ist das für eine Katastrophe?

TOCHTER. Du hast den Aufruhr selbst beschwichtigt.

MILLIARDÄR. Wer trägt dir das zu?

TOCHTER. Berichte in Zeitungen sind unterdrückt. Du bist ja mächtig.

MILLIARDÄR *starrt sie an. – Nach einer Pause.* Lass es. *Er steht auf, tritt dicht vor sie.* Mit Worten will ich dich nicht bitten. Du hast hundert Worte gegen meine. Es ist ein ungleicher Streit. Vater und Tochter – damit ist der Ausgang entschieden. *Er nimmt ihre Hände, betrachtet sie.* Nein – nein. So schmal – so schwach. *Ihrer Widerrede kopfschüttelnd begegnend.* Ja, ja – stark und hart, ich weiß allein, wozu: – einen Turm zu stürzen – Trümmer zu häufen – Opfer zu verschütten. Soll ich dir sagen, wer das Opfer ist?

TOCHTER. Ich verstehe dich jetzt nicht.

MILLIARDÄR. Willst du mich opfern?

TOCHTER *sieht verwundert zu ihm auf.*

MILLIARDÄR. So kehre um. Du findest deine Aufgabe, die dir näher liegt. Erscheint sie dir gering – mich dünkt sie wichtig, weil sie deinem Vater gilt.

TOCHTER *entzieht ihm ihre Hände.* Ich habe kein Recht, während andere –

MILLIARDÄR. Vater und Tochter – nicht den Streit! Nur Bitte um Bitte!

TOCHTER. Ich danke dir heute für Jahre heller Jugend –

MILLIARDÄR. Mit heller Zukunft!

TOCHTER *stark.* Die in meiner neuen Pflicht leuchtet! *Sie steht auf, reicht ihm die Hand.* Mein Entschluss ist mir so leicht geworden. Willst du es mir schwer machen, wenn ich ihn ändern soll?

MILLIARDÄR *nimmt ihre Hand nicht.* Wohin gehst du jetzt?

TOCHTER. Zu meinen Schwestern und Brüdern.

MILLIARDÄR *tonlos.* Dahin gehst du – –

TOCHTER. Wirst du mich bei den Ärmsten der Armen kennen?

MILLIARDÄR *gegen den Schreibtisch gestützt.* Dahin – –

TOCHTER *zögert noch – wendet sich zur Tür.*

Der Diener öffnet.
Tochter ab.

MILLIARDÄR *stockend – mit scheuer Geste.* Dahin – – dahin – – dahin – – – – *Dann rafft er sich auf – klingelt.*

Sekretär tritt ein.

MILLIARDÄR. Der Schacht soll geschlossen werden!

SEKRETÄR *notiert.*

MILLIARDÄR. Nein! *Sich an die Stirn greifend.* Hier oder da – man kann es nicht wegblasen – die Macht hat keiner! *Fest zum Sekretär.* Meine Tochter wird sich Samariterdiensten widmen. Sie werden ihr auf dem Schacht begegnen und überall, wo es in meinen Fabriken Unfälle gab. Verleugnen Sie sie – ich kenne meine Tochter nicht!

SEKRETÄR. Ist Ihre Tochter von der Koralle unterrichtet?

MILLIARDÄR. Nein, außer den beiden Dienern niemand. *Sachlich.* Wir hatten vorhin unterbrochen.

SEKRETÄR *liest von seinem Notizblock.* Am Nachmittag vertrete ich Sie in der vierundzwanzigsten Fabrik.

MILLIARDÄR. Morgen Mittag nehme ich an der Versammlung der Missionsgesellschaft in der ersten Hälfte selbst teil, in der man mich zum Ehrenpräsidenten ernennt. Sie kommen um zwei Uhr im Automobil. Ich werde unter dem Vorwande, eine Mappe zu holen, die Sitzung verlassen. Sie kehren dann für mich zurück und verlesen die Stiftungen, die ich mache. Ich gebe Ihnen die Mappe. *Er sucht sie in einer Schreibtischlade.*

Die grüne Lampe flammt auf.

SEKRETÄR. Ein Anruf.

MILLIARDÄR *rasch hoch – starrt auf die Lampe.*

SEKRETÄR. Soll ich die Mappe nachher –

MILLIARDÄR *heftig.* Bleiben Sie hier! – Gehen Sie. Ja – später.

Sekretär ab.

MILLIARDÄR *nimmt langsam den Hörer auf.* – – Wer? – – – – *Er lässt ihn aus lockeren Fingern auf die Tischplatte fallen. Mit unsicherem Munde.* Mein – Sohn.

Der Diener lässt rechts den Sohn ein. Diener ab.

MILLIARDÄR *richtet sich straff auf und geht ihm entgegen.* Ich habe dich in den letzten Tagen nicht gesehen.

SOHN. Seit –

MILLIARDÄR. Ich frage nicht, wo du dich aufhältst. Die Zeit ist vorbei, wo ich dich beaufsichtige. Rechtfertige dich vor dir selbst in jedem, was du tust. Du bist erwachsen.

SOHN. Du machst es mir leicht –

MILLIARDÄR. Vielleicht war es wichtig, dir das zu sagen. Kommst du deshalb?

SOHN. Der Anlass –

MILLIARDÄR. So will ich auch hier nicht in dich dringen. Setze dich. Es ist in diesem werktagstrengen Raum –

SOHN. Von dem du mich eifersüchtig ferngehalten hast.

MILLIARDÄR. Reizt es dich meinen Platz einzunehmen?

SOHN. Nicht deinen –!

MILLIARDÄR. Ich biete ihn dir nicht an. Ich bin noch nicht müde. Die Fäden liegen straff in meinen Fingern. Ich will – ich kann arbeiten. Der Nachfolger meldet sich zu früh. Du wirst mich heute und morgen nicht entthronen.

SOHN. Die Absicht bringe ich nicht mit.

MILLIARDÄR. Aber es wird dir helfen, dir dein Leben einzurichten.

SOHN. Du engst mir das Gebiet ein.

MILLIARDÄR. Es bleibt dir nur diese Möglichkeit. Die Arbeit ist mein Teil.

SOHN. Ich weiß, wie du fortfahren willst.

MILLIARDÄR. Du siehst, die Tore sind fest verrammelt.

SOHN. Und weil ich gezwungen bin, beruhige ich mein Gewissen?

MILLIARDÄR. Auch dir ist ein Zwang auferlegt!

SOHN. *nach einer Pause.* Willst du mir auf Fragen, die mich brennen, antworten?

MILLIARDÄR. Nachdem wir eben unsere Grenzen scharf gezogen haben – ja.

SOHN. So tiefe Widersprüche klaffen in deinem Handeln.

MILLIARDÄR. Mit mir hast du dich beschäftigt?

SOHN. Ich kann mich nur noch mit dir beschäftigen.

MILLIARDÄR. Wodurch wurde ich dir unversehens interessant?

SOHN. Dieser ungeheure Reichtum, den du angesammelt hast –

MILLIARDÄR. Ich erwähnte schon meine Arbeitskraft.

SOHN. Das ist nicht Arbeitskraft, das ist –

MILLIARDÄR. Wo liegt da das Rätsel?

SOHN. Hier die rücksichtslose Ausbeutung – und dort die unbeschränkte Mildtätigkeit, die du übst. Das »heiße Herz der Erde« – – und dieser Stein, den du in deinem Innern tragen musst!

MILLIARDÄR. Das Rätsel möchte ich dir nicht lösen.

SOHN. Weil dich die Scham abhält, es dir einzugestehen!

MILLIARDÄR. Es soll mein Geheimnis bleiben.

SOHN. Ich zerre an dem Schleier, hinter dem du dich versteckst. Du kennst den Frevel deines Reichseins und betäubst dich mit diesem »offenen Donnerstag«!

MILLIARDÄR. Die Erklärung würde nicht genügen.

SOHN. Nein, diese Gaben sind lächerlich, die du austeilst. Du bezahlst damit nicht das Blut –

MILLIARDÄR. Vergieße ich das?

SOHN. Nein, das sind Unglücksfälle. Aber du drohst mit Blutvergießen, wenn sie einmal aufschreien!

MILLIARDÄR. Sahst du das?

SOHN. Jetzt muss ich dir bekennen, wozu es mich gestern fast hingerissen hat!

MILLIARDÄR. Was war gestern?

SOHN. Ich war im Hof am Schacht, als du sprachst. Du musstest ja selbst auftreten, um den Aufruhr zu unterdrücken. Ich war unten in der fahlen Menge – und sah dich oben hinter den drohenden Gewehren dastehen. So kalt und fern. Deine Worte klatschten wie Eisstücke auf die Versammlung nieder. Keiner wagte mehr einen Ausruf. Bis du die Schließung des Betriebs androhtest, die Tausende

– Frauen und Kinder – dem Hunger auslieferte. Da tat einer den Mund auf!

MILLIARDÄR. Du warst es, der –

SOHN. Der Mörder rief! – Das ist noch nicht das letzte.

MILLIARDÄR. Ich hörte nichts weiter.

SOHN. Hätte ich vergessen können, dass da oben mein Vater stand – *Er greift in die Tasche und legt einen Revolver auf den Tisch.* Ich will mich nicht zum zweiten Mal versuchen lassen.

MILLIARDÄR *schiebt den Revolver beiseite.* Du hättest mich nicht getroffen.

SOHN. Ich wollte treffen.

MILLIARDÄR *kopfschüttelnd, lächelnd.* Mich nicht. So kann dies nicht als Schatten zwischen uns stehen. *Er streckt ihm die Hand hin.* Es braucht dich nicht zu quälen.

SOHN *starrt ihn an.* Bläst du das fort wie ein Staubkorn, das auf deinen Rock wehte?

MILLIARDÄR. Nicht auf meinen Rock.

SOHN. Vergessen und vergeben?

MILLIARDÄR. So habe ich dir auch nichts zu vergeben.

SOHN. Nein, du nicht. Das kann ja auch ein anderer nicht. Das nicht. Die Buße wählt man sich selbst. Ich will sie mir so schwer machen, dass ich am letzten Tage vielleicht die Augen wieder aufschlagen kann.

MILLIARDÄR. Zu mir?

SOHN. Nein. Du nimmst mich heute schon auf. Du willst keine Zeit verlieren.

MILLIARDÄR. Wen setzt du dir zum Richter?

SOHN. Den letzten deiner Arbeiter.

MILLIARDÄR. Was soll das heißen?

SOHN. Bis noch einer durch Not schuldig werden kann, stehe ich da unten!

MILLIARDÄR. Im Aufruhr?

SOHN. Im Frieden, der sich ausbreitet, wenn ich nicht mehr sein will, als andere!

MILLIARDÄR *schiebt ihm den Revolver hin.* Jetzt ist es Zeit! *Er dreht das Gesicht von ihm weg.*

SOHN *springt auf und läuft zu ihm.* Sage mir doch, warum alles so ist! – – Sage es mir doch!

MILLIARDÄR. Komm mit. *Er führt ihn vor die Fotografien.* Siehst du das? Graue Fabriken. Enge Höfe! *Zum großen Fenster hinten tretend.* Siehst du das? Schlote – Schlote. Wo ist Erde – Grashalme – Gesträuch? – – Daher komme ich! – – Kennst du mein Leben? – – Ich habe es dir unterschlagen. In den Schulen wird es gelesen. – Ich habe dir ein anderes Leben gegeben. Ich habe dich in allem ein anderes Leben leben lassen. Nicht meins! – – Aus nichts bin ich geworden, so schreiben sie in den Büchern! – Aus jeder Not habe ich mich aufgeschwungen, so erzähle ich dir jetzt. Ich habe es nicht vergessen. Ich habe mich keine Stunde einschläfern lassen. Mit diesen Bildern habe ich mich umstellt – diese Wand habe ich offen gehalten, damit es sich nicht verdunkeln kann –: Es soll mich aufscheuchen aus Ermüdung und Rast. Das gellt mir Mahnung und Warnung ins Blut: nur nicht dahinab – – nicht dahinab!
SOHN *von ihm zurücktretend.* Du – –
MILLIARDÄR. Ich kann dich warnen. Mir wirst du glauben. Mir hat es Vater und Mutter verschlungen – nach mir wollte es greifen – – ich bin entlaufen!
SOHN. Du kennst – –
MILLIARDÄR. Dich hat ein Augenblick verstört – mich hat es ein Leben lang geschüttelt. So furchtbar ist das Leben! – – Willst du dahinab?
SOHN. Das letzte reißt du mir aus den Händen –
MILLIARDÄR. Was ist das?
SOHN. Was dich entschuldigt: die Qual der anderen wäre dir fremd!
MILLIARDÄR. Den Schrei trage ich in meiner Brust!
SOHN. Bist du – ein Tiger?! Mehr –: der weiß nicht, was er tut. Du kennst die Qual deiner Opfer – – und – – – – *Er fasst den Revolver – legt ihn wieder hin.*
MILLIARDÄR. Ich oder ein anderer –
SOHN. Jeder ist –
MILLIARDÄR. Sei mir dankbar.
SOHN. Für die Täuschung?
MILLIARDÄR. Dass du nicht werden musst, wer ich bin!
SOHN *ruhig.* Dein Blut ist meins –
MILLIARDÄR. Fühlst du es auch?
SOHN. Es macht die Aufgabe lohnend.
MILLIARDÄR. Mich vor dem Furchtbaren zu retten!

SOHN. Die furchtbare Begierde zu unterdrücken – und neben dem niedrigsten deiner Arbeiter auszuharren!

MILLIARDÄR *steht steif.*

SOHN. Du kannst mich abweisen lassen. Ich nehme Arbeit, wo ich sie sonst finde.

MILLIARDÄR *bricht an ihm zusammen.* Erbarmen – – Erbarmen!!

SOHN *kalt.* Mit wem?

MILLIARDÄR. Erbarmen – –!!

SOHN. Vielleicht wird es mein Schrei zu dir, wenn du mir und meinen Kameraden einmal das Brot verweigerst!

Er geht nach rechts. Ehe der Diener die Tür ganz öffnen kann, ab.

MILLIARDÄR *endlich sprunghaft auf. Er sucht den Revolver – stößt ihn in die Tasche.* Hier nicht! – – Im Walddickicht! – – Brechendes Auge sieht grünes Gezweig – – Stück blauen Himmel flutet herab – – kleiner Vogel klingt! *Mit schrägen Blicken nach den Wänden.* Gestellt? – – Abgeschnitten? – – Die Flucht misslungen? – – Eingeholt? – – *Die Arme schwenkend.* Lasst mich los – – fasst nicht nach mir – – ich fürchte mich doch vor Euch wie ein Kind!! *Keuchend an den Fotografien entlang laufend und mit Händen anschlagend.* Ein Ausweg – – ein Ausweg – – *Schreiend.* Ein Ausweg!!

SEKRETÄR *von links – fragend.*

MILLIARDÄR *sieht ihn an.*

SEKRETÄR *verlegen.* Die – Mappe?

MILLIARDÄR *stumm.*

SEKRETÄR. Sie wollten mir noch eine Mappe aushändigen.

MILLIARDÄR *an den Schreibtisch wankend und in den Sessel zusammenbrechend.* Tochter und Sohn – – hinab – – hinab – – – – Mich haben meine Kinder verlassen!!

SEKRETÄR *schweigt.*

MILLIARDÄR *zu ihm aufblickend.* Verstehen Sie das, was es heißt: ein Leben lang für seine Kinder arbeiten – und sie treten vor ihren Vater hin und schlagen ihm den Gewinn von der Hand?

SEKRETÄR. Ihr Sohn –?

MILLIARDÄR *aufschreiend.* Wer deckt jetzt zu, woher ich keuchend komme?! – Wer hilft jetzt Berge in Abgründe stürzen – um **das** zu verdecken?!

SEKRETÄR *sieht ihn fragend an.*

MILLIARDÄR. Holt mich keiner – aus dem Dunkel meiner Vergangenheit?!

SEKRETÄR. Weil Ihre Leistung so riesenhaft ist, braucht man Ihre Vergangenheit nicht zu beschönigen!

MILLIARDÄR. Nicht zu – –?!

SEKRETÄR. Ihr Werk steht nur größer da!

MILLIARDÄR. Ich gebe es hin – – ich zahle mit meinem Reichtum – – ich verschenke mein Leben für ein anderes Leben!! *Inbrünstig.* Wer leiht mir seins, das hell ist vom ersten Tage an?! – – Im Sohn finde ich es nicht mehr – hinab! – – – – Wo winkt nun der Tausch, um den ich buhlte – im Fieber der Arbeit – in der Wut des Erwerbs – auf dem Berg meines unzählbaren Goldes?! – – – – In wen gehe ich unter – und verliere diese Angst und tosenden Aufruhr?! – – – – Wer hat ein Leben – glatt und gut – für meins?!!

SEKRETÄR *mit wachsender Ergriffenheit auf ihn niederblickend.* Ihr Sohn geht andere Wege. Die Enttäuschung ist bitter wie keine. Aber da es sich so tausendfach wiederholt, mutet es fast wie ein Gesetz an. Vater und Sohn streben voneinander weg. Es ist immer ein Kampf auf Leben und Tod. – – – – *Nach einer Pause.* Ich habe mich auch gegen meinen Vater aufgelehnt. Und obwohl ich fühlte, wie ich ihm wehetat, musste ich ihn verletzen. – – – – *Wieder nach einem Warten.* Ich erkenne jetzt noch nicht, was mich trieb. Ich wollte mein Leben selbst versuchen – das wird schließlich wohl der Anlass. Der Drang nach Unabhängigkeit wirkt stärker als alles andere. *Nun lebhafter fortfahrend.* Ich hatte ein Elternhaus, wie es selten zu finden ist. An eine wundervolle Jugend kann ich zurückdenken. Ich war einziger Sohn. Mutter und Vater teilten mir aus ihrem unendlichen Schatz von Liebe schrankenlos mit. In ihrer Hut sah und hörte ich nichts von den Widerwärtigkeiten eines groben Alltags. Es lag immer ein Lichtschein von Sonne in den stillen Stuben. Auch der Tod trat nicht zu uns. Die Eltern – für mich leben sie heute noch. Dann zog ich auf die kleine Universität – und der Trieb zur Selbstständigkeit fing an, über mich Gewalt zu gewinnen. Ich löste mich los und ging in die Welt. – – Manche dunkle Stunde habe ich erlebt – es warf mich hierhin und dorthin – aber im Grunde konnte mich nichts erschüttern. Ich besaß ja das größte Gut, von dem man ohne Maß zehren kann: die lebendige Erinnerung an eine glückliche Jugend. Was später kam, wurden nur Wellen, die über einen See streichen, der klar den blauen Himmel spiegelt. So glatt und ungetrübt liegt meine reine Vergangenheit in mir ausgebreitet!

MILLIARDÄR *hat das Gesicht gegen ihn gehoben. Mit stärkster Gespanntheit hört er ihm zu.*

SEKRETÄR *blickt vor sich hin.*

MILLIARDÄR *sucht auf dem Tisch.* Die – – Mappe. *Er gibt sie ihm. Hervorstoßend.* Gehen Sie!

SEKRETÄR *nimmt die Mappe – wendet sich zur Tür.*

MILLIARDÄR *zieht den Revolver aus der Tasche und drückt ab.*

SEKRETÄR *in den Rücken getroffen – fällt.*

MILLIARDÄR *steht unbeweglich.* – – – – Mein Leben – – für ein anderes Leben – – das hell ist – – vom ersten Tage an – – – – *Langsam geht er hin, bückt sich zum Liegenden – – und streift die Koralle von der Uhrkette. Er hält sie auf der offenen Hand vor sich.* – – – – Dieses Leben – – nach dem ich dürste – –! – – Jeder Tag dieses Lebens – – um das ich buhle – –! *Tief den Kopf im Nacken.* Sie sollen mich zu meinem Glücke zwingen – – – – sie werden mich ganz beschenken – – *Er streift die Koralle auf seine Kette.* – – – – wenn sie mich überführen müssen! – – – – *Er reißt rechts die Tür auf und schießt noch mal in die Luft.*

> *Die beiden Diener stürzen herein. Einer bleibt in der Tür – der andere beugt sich über den Sekretär.*

DER ERSTE DIENER *in der Tür.* Die Koralle?

DER ZWEITE DIENER *richtet sich auf, schüttelt den Kopf.* Nehmen Sie den Sekretär fest!

Vierter Akt

Untersuchungsraum: blaues Viereck mit vielen Zugängen, die Türen von Eisenstäben haben, hinter denen sich enge Gänge verlieren. Eine Bogenlampe in klarem Glas beleuchtet überall. Nur ein kleiner eiserner Tisch, an dem der Schreiber – mit Augenschirm – sitzt.
    Der erste Richter steht nachdenklich. Die beiden Diener links. Wärter kommt von rechts.

DER ERSTE RICHTER *zu ihm.* Schalten Sie aus.

WÄRTER *hantiert am Schaltbrett; die Bogenlampe verlöscht. In den Ecken glühen matte Lampen auf.*

DER ERSTE RICHTER *tritt an den Tisch, nimmt den Hörer auf.* Ich bitte um Ablösung. *Zu den beiden Dienern.* Sie können jetzt – *Sich besinnend.* Oder warten Sie noch. *Er lässt sich vom Schreiber das Protokoll geben, liest – schüttelt den Kopf. Zu den Dienern.* Niemals hat der Sekretär die Koralle – *Rasch.* Es könnte doch sein, dass auch die Koralle gelegentlich ausgetauscht wurde, um –

Der zweite Richter kommt hinten.

DER ZWEITE RICHTER. Kein Resultat?

DER ERSTE RICHTER *gibt ihm das Protokoll.* Höchstens das, dass mir Zweifel kommen.

DER ZWEITE RICHTER *liest – lässt das Blatt sinken.* Er bestreitet doch nicht, dass die Koralle bei ihm gefunden ist.

DER ERSTE RICHTER. Aber er will nicht der Sekretär sein.

DER ZWEITE RICHTER. Wie erklärt er denn die Koralle an seiner Kette? *Lesend.* Auf die wiederholt gestellte Frage lässt der Vernommene jedes Mal die Antwort aus.

DER ERSTE RICHTER *zu den beiden Dienern.* Sollte nicht zu einem besonderen Zweck auch Ihre Irreführung geplant gewesen sein?

DER ERSTE DIENER. Nein. Es wäre damit unsere Aufgabe unmöglich geworden.

DER ZWEITE DIENER. An der Bewachung seiner Person lag dem Getöteten viel.

DER ZWEITE RICHTER. Es ist ja durchsichtig. Natürlich, es geht um Kopf und Kragen. Da sträubt man sich ein bisschen. Aber wir haben ja die Aussage, die der Sohn gemacht hat. In der Unterredung, die zwischen Vater und Sohn kurz vorher stattgefunden hatte, entsagte der Sohn dem väterlichen Reichtum. Auch die Tochter hatte verzichtet. Der Sekretär hat das erregte Gespräch nebenan gehört und konnte der Versuchung nicht widerstehen, sich zum Nachfolger zu setzen. Da drückte er kurzerhand los. Nur die Koralle konnte er nicht mehr austauschen. Das hätte er vielleicht noch gern getan. *Zu den Dienern.* Aber auf den Schuss kamen Sie schon hinzu.

DER ZWEITE DIENER. Ich nahm ihn fest, als er aus der Tür wollte.

DER ZWEITE RICHTER. Wollte er flüchten?

DER ERSTE DIENER. Nicht wir, sondern er hatte die Tür aufgemacht.

DER ERSTE RICHTER. Warum läuft er davon, wenn er sich für den ausgibt, auf den ein Angriff unternommen ist?

DER ZWEITE RICHTER *legt das Protokoll hin.* Schon dieser Fluchtversuch beweist. Die Detonation, die der Schuss verursachte, war zu kräftig, damit hatte er nicht gerechnet. In der Verwirrung hoffte er zu entkommen, doch an der Umsicht der Diener scheiterte die Absicht. Jetzt besinnt er sich wieder auf die Rolle, die er spielen wollte.

DER ERSTE RICHTER. Die Ähnlichkeit ist allerdings fabelhaft. Ich habe einen solchen Fall von Doppelgängertum noch nicht erlebt.

DER ZWEITE RICHTER. Ja, wenn wir die Koralle nicht hätten, müssten wir unrettbar im Dunkeln tasten! *Nach dem Protokoll greifend.* Übrigens dieser Angriff, der vom vermeintlichen Sekretär verursacht sein soll, wie begründet er den?

DER ERSTE RICHTER. Er schweigt.

DER ZWEITE RICHTER. Weil er nicht stattgefunden hat.

DER ERSTE RICHTER. Sie sagten doch, dass er sich an die Stelle des Getöteten setzen wollte?

DER ZWEITE RICHTER *stutzt.*

DER ERSTE RICHTER. So findet sich doch eine Begründung?

DER ZWEITE RICHTER. Die ihn zur Tötung angestiftet hat!

DER ERSTE RICHTER. Er handelte also in Notwehr!

DER ZWEITE RICHTER *erregt.* Aber er ist doch der Sekretär!

DER ERSTE RICHTER *sich die Augen reibend.* Ich bin wirklich abgespannt. Das scharfe Licht – die Gelassenheit des Mannes, der sich kaum verteidigt –

DER ZWEITE RICHTER. Ich denke Mittel anzuwenden, die ihn beweglicher machen. Fruchtet die Vorlegung der Koralle nicht – *Er nimmt sie vom Tisch auf.* Wie ein Blutstropfen sieht das Ding aus, der am Täter hängen blieb –! *Er legt sie hin. Zu den Dienern.* Ich brauche Sie nicht mehr.

DER ERSTE DIENER. Wann morgen?

DER ZWEITE RICHTER. Hoffentlich war es genug. Zehnmal dieselbe Litanei. Ich lasse Sie sonst bestellen.

Die beiden Diener ab.

DER ERSTE RICHTER. Versprechen Sie sich in dieser Nacht besseren Erfolg?

DER ZWEITE RICHTER. Nicht mehr als ein volles Geständnis!

DER ERSTE RICHTER *verblüfft.* Wie wollen Sie ihn dazu bringen?

DER ZWEITE RICHTER. Er will der Milliardär sein. Gut, so führe ich ihm seine Kinder vor. Jetzt soll die Natur Richter spielen. Stutzt er eine Sekunde, sich ihnen zu nähern, die der Vater nach der Bekundung von Sohn und Tochter über alles liebte, so hat er soviel wie gestanden. Vor der Koralle kann er sich sträuben, das ist ein toter Gegenstand – – aber vor der Wucht des Anblicks von Sohn und Tochter seines Opfers wird sich kein Individuum behaupten. Und da er kein berufsmäßiger Verbrecher ist, bricht er mir in beide Knie!

DER ERSTE RICHTER. Tatsächlich bin ich ausgepumpt.

DER ZWEITE RICHTER. Strecken Sie sich auf dem Sofa aus und schlafen Sie gut. Wenn ich Sie stören darf, rufe ich Ihnen unsere Erlösung von der Marter dieser vierzehn Nächte hinüber.

DER ERSTE RICHTER. Ich fahre dann gleich eine Woche aufs Land.

DER ZWEITE RICHTER. Und ich schreibe ein Buch für Massenauflage über den Fall!

Der erste Richter hinten ab.
Der zweite Richter geht nach links und drückt auf eine Klingel neben einer Tür.
Von einem Wärter geleitet, Sohn und Tochter – in schwarz – von links.

DER ZWEITE RICHTER. Es wird nun doch notwendig, dass ich die Gegenüberstellung ausführe. So gern ich Ihnen diese Peinlichkeit erspart hätte, das hartnäckige Ableugnen, von dem ihn mein Kollege nicht abbringen konnte, zwingt zu dieser Maßnahme. Ich sehe keinen anderen Weg mehr, um ein Geständnis zu erhalten. Und das Geständnis brauchen wir unbedingt!

SOHN. Geben Sie uns Anweisungen, wie wir uns verhalten.

DER ZWEITE RICHTER. Ich beabsichtige, einen überraschenden Schlag zu tun. Zu einer Überlegung darf ihm nicht die mindeste Zeit gelassen werden. Ich bitte Sie, vollständig geräuschlos zu kommen und Ihre Anwesenheit hier nicht zu verraten. Vorläufig halten Sie sich dort im Hintergrund des Ganges auf, der Wärter bleibt in der Nähe der Tür. Das ist unauffällig. *Zum Wärter.* Ich werde es im Verlauf des Verhörs einrichten, dass ich auf diese Seite trete, sodass der Vernommene Ihre Tür im Rücken hat. Sobald ich mein Taschentuch hervorziehe, lassen Sie die Dame und den Herrn ein.

SOHN. Mit dieser Konfrontierung ist unsere Aufgabe erfüllt?

DER ZWEITE RICHTER. Selbstverständlich beschränke ich auch diese auf die kürzeste Dauer. Versuchen Sie jedoch, ihn fest anzusehen. Das ist wichtig. Besonders Sie, gnädiges Fräulein, möchte ich darauf aufmerksam machen. Halten Sie sich aufrecht. Sie erleben vielleicht das Grauenhafteste, was einem widerfahren kann. Sie werden Ihren Vater zu erblicken glauben, der tot ist.

SOHN. Eine Unterscheidung muss doch möglich sein!

DER ZWEITE RICHTER. Dann hätten wir leichtes Spiel gehabt. Die Übereinstimmung ist vollkommen. Ein körperliches Merkmal existiert nicht. Die Natur spielt uns schon den Streich.

SOHN. Nur diese Koralle gibt Aufschluss?

DER ZWEITE RICHTER. Den unumstößlich. Darum vergessen Sie nicht, dass Sie den Sekretär vor sich haben!

Sohn und Tochter mit dem Wärter links ab. Der Wärter kehrt hinter die Türstäbe zurück.

DER ZWEITE RICHTER *zum ersten Wärter.* Führen Sie vor.

Der Wärter schaltet wieder die Bogenlampe ein. Rechts ab.

DER ZWEITE RICHTER *Setzt sich eine Brille mit blauen Gläsern auf.*

Wärter lässt den Milliardär vor sich eintreten und bleibt an der Tür.

MILLIARDÄR *Seine Hände sind nach vorn mit dünnem Stahlseil geschlossen. Er stellt sich auf, wie er nun schon gewohnt ist, dazustehen – ohne Zeichen von Erregung.*

DER ZWEITE RICHTER *beachtet ihn vorläufig nicht. Dann nimmt er den Revolver vom Tisch und tritt – nur für die Waffe interessiert – zum Milliardär.* Wo kauft man denn diese Marke?

MILLIARDÄR *schweigt.*

DER ZWEITE RICHTER. Das Modell hätte ich gern. Aber ich kann mir doch nicht ein vom Gericht beschlagnahmtes Objekt zustecken.

MILLIARDÄR *lächelt dünn.*

DER ZWEITE RICHTER *sieht ihn an.* Ein streng gehütetes Geheimnis?

MILLIARDÄR. Ein Geschenk.

DER ZWEITE RICHTER. Von wem denn?

MILLIARDÄR *schüttelt den Kopf.*

DER ZWEITE RICHTER. Von zarter Hand doch nicht?

MILLIARDÄR. Von zartester.

DER ZWEITE RICHTER. Ach was, das ist ja unnatürlich.

MILLIARDÄR. Ja – unnatürlich war das.

DER ZWEITE RICHTER. Sollten Sie sich selbst bedienen? Wenn Sie untreu werden?

MILLIARDÄR. Ich war das Ziel.

DER ZWEITE RICHTER. Wer wollte denn auf Sie schießen?

MILLIARDÄR *nickt langsam.*

DER ZWEITE RICHTER. Rissen Sie ihm die Waffe aus der Hand?

MILLIARDÄR. Er legte sie auf die Schreibtischplatte nieder.

DER ZWEITE RICHTER *rasch.* Der Milliardär?

MILLIARDÄR *schweigt.*

DER ZWEITE RICHTER *nickt befriedigt und stellt sich rechts auf.* Nun wollen wir die Situation rekonstruieren. Drehen Sie sich nach mir.

MILLIARDÄR *tut es.*

DER ZWEITE RICHTER. Warten Sie mal. Das Metall ist angelaufen, damals blinkte es jedenfalls. *Er zieht sein Taschentuch heraus und reibt die Waffe.*

Der Wärter links zieht sich von der Tür zurück.

DER ZWEITE RICHTER. Dass das Schießzeug auf dem Tisch herum-gelegen hat, ist natürlich Humbug. Ihre Erzählung ist ja auch reichlich verworren, es lohnt nicht da nachzutasten. Der Vorgang ist einfach der: Unter irgendeinem Vorwand machen Sie sich hinter Ihrem Opfer zu schaffen – die Waffe aus der Hosentasche – genau so, wie ich hier, standen Sie bereit – die Distanz ist dieselbe –

Der Wärter ist mit Sohn und Tochter gekommen: Die beiden stehen unbeweglich.

DER ZWEITE RICHTER. – und jetzt zeigen Sie mir auch Ihren Rücken!

MILLIARDÄR *dreht sich um: Ohne zu stocken, geht er auf Sohn und Tochter zu.* Kinder – in schwarz? Ist ein Trauerfall, der uns nahe-geht? – – Wundert Ihr Euch, dass ich nichts davon weiß? Ja, ich habe keine Verbindung mit Euch. Ich werde vorläufig streng abge-schlossen gehalten. Ein unleidlicher Irrtum, der sich erst aufklären muss. Ich gebe mir alle erdenkliche Mühe, diesen schweren Verdacht zu zerstreuen. Aber die Gerichte sind peinlich. Jede Kleinigkeit erhält Gewicht. Eine Koralle, die bei mir gefunden ist – der Revolver da, den ich bei mir getragen haben soll. *Zum Sohn.* Willst du nicht seine Herkunft mit einem Wort feststellen?

SOHN *seine Erschütterungen beherrschend.* Herr Richter, die Waffe ist mein Eigentum.

DER ZWEITE RICHTER. Wie gelangt sie in den Besitz des Sekretärs?

SOHN. Ich legte sie vor meinen Vater auf die Tischplatte.

DER ZWEITE RICHTER. Das ist immerhin wertvoll. Der offen dalie-gende Revolver stiftete zur Tat an. Warum überließen Sie Ihrem Vater ihn?

SOHN. Darauf – kann ich nicht antworten.

MILLIARDÄR. Ich habe dich auch nicht verraten.

SOHN *scharf.* Weil Sie nichts wissen können!

MILLIARDÄR. Kein du? Bin ich Euch fremd geworden, weil ich ver-dächtigt wurde? *Mit eigentümlich lauerndem Ausdruck.* Glaubt Ihr denn, dass ich der Sekretär bin? Ihr – meine eigenen Kinder – seht mich für den Sekretär an?

SOHN *mühsam.* Herr Richter, brauchen Sie meine Schwester und mich hier noch?

TOCHTER *schreit auf – schlägt die Hände aufs Gesicht.*
DER ZWEITE RICHTER. Ich danke.

Sohn – die Tochter stützend – links ab.

DER ZWEITE RICHTER *hin und her gehend.* Das ist unerhört. Das
   ist der Gipfel der Verstocktheit! – Schämen Sie sich nicht? *Verblüfft.*
   Lächeln Sie?
MILLIARDÄR. Ich habe meine Kinder gesehen –
DER ZWEITE RICHTER. Stimmt Sie die Qual anderer vergnügt?
MILLIARDÄR. – meine Kinder haben mich nicht gesehen!
DER ZWEITE RICHTER. Den Mörder ihres Vaters haben sie gesehen.
   Der sind Sie. Sie – sein Sekretär. Tischen Sie uns das alberne Mär-
   chen nicht nochmals auf. Und hätte die Koralle nicht die mächtige
   Beweiskraft, die sie hat, dies entlarvt Sie: Die Sie mit so dreister
   Stirn für Ihre Kinder ausgeben, die stoßen Sie als einen Fremden
   zurück!
MILLIARDÄR *undurchdringlich.* Das – genügt nicht.
DER ZWEITE RICHTER. Wissen Sie das sicher? Weil Sie kein Ge-
   ständnis ablegen? Das erlassen wir Ihnen jetzt. Hüllen Sie sich
   weiter in Ihr monumentales Schweigen. Jetzt werden wir gesprächig!
   Er winkt dem Wärter.

Wärter führt den Milliardär rechts ab.

DER ZWEITE RICHTER *telefoniert.* Ich bitte um Ablösung. *Laut.*
   Jawohl – Ablösung! *Aufgeregt auf und ab. Aufstampfend.* Das ist
   doch –!
DER ERSTE RICHTER *rasch von hinten.*
DER ZWEITE RICHTER. Sie glaubten wohl, sich verhört zu haben?
   Nein, es geht so weiter. Dem Mann ist nicht beizukommen. Ohne
   Zucken erträgt er die Gegenüberstellung – und beklagt sich noch,
   dass man ihm das du verweigert!
DER ERSTE RICHTER *liest im Protokoll.*
DER ZWEITE RICHTER. Ich denke, wir sind fertig!
DER ERSTE RICHTER. Nein! – Das lockt mich. Ich rücke ihm auf
   den Leib. *Sich vor die Stirn schlagend.* Das ist ja auch ganz einfach!
DER ZWEITE RICHTER. Wurden Sie im Schlaf erleuchtet?
DER ERSTE RICHTER. Wütend bin ich!

DER ZWEITE RICHTER. Erfinderisch macht dieser Zustand schwerlich.

DER ERSTE RICHTER. In den Milliardär hat er sich eingelebt.

DER ZWEITE RICHTER. Das steht fest.

DER ERSTE RICHTER. Also muss er aus dem Milliardär wieder heraus –

DER ZWEITE RICHTER. Hokuspokus eins zwei drei.

DER ERSTE RICHTER. – und in den Sekretär hinein!

DER ZWEITE RICHTER. Der Kunstgriff, den Sie dazu anwenden?

Wärter kommt von rechts und schaltet die Bogenlampe aus.

DER ERSTE RICHTER. Er muss ganz neu geboren werden! – Ja ja, ich lege ihn wieder in die Wiege und lasse ihn vergnügt strampeln und krähen. Der Milliardär ist noch gar nicht in seine Existenz getreten – das ist ein späteres Kapitel, das ich mit keiner Silbe erwähne. Ich baue ihm sein Leben bis zu diesem Punkte lückenlos auf und wickle ihn in Jugenderinnerungen so sanft und allmählich ein, dass er ganz vergisst, warum er hier steht. *Nach einem Schriftstück greifend.* Das Material haben wir da – es ist bis in Kleinigkeiten zusammengetragen. Seine Vergangenheit bietet ein auffallend helles Bild – so ist auch der Kern nicht verhärtet. Der Mann wird windelweich, wenn ich ihm das Buch seiner guten Zeiten aufschlage!

DER ZWEITE RICHTER. Er hat sich vor den Kindern seines Opfers nicht gescheut –

DER ERSTE RICHTER. Kinder stehen außerhalb. Zuletzt lebt man nur sich selbst.

DER ZWEITE RICHTER. Ich würde ja auch ungern das Protokoll ohne Ergebnis abliefern.

DER ERSTE RICHTER. Mein Versuch kann, wie jeder andere bisher, scheitern – aber in solchem Zurückgreifen liegt eine suggestive Kraft.

DER ZWEITE RICHTER. Wollen Sie die Brille?

DER ERSTE RICHTER. Diesmal bei gedämpftem Licht. *Zum Wärter.* Schalten Sie nicht ein. Bringen Sie ihn.

Wärter rechts ab. Schon das wird ihm eine Wohltat sein. Und für das andere finde ich den rechten Großmuttermärchenton.

DER ZWEITE RICHTER. Und der böse Wolf kommt zum Schluss.
DER ERSTE RICHTER. Der muss den Mörder packen!

Der zweite Richter hinten ab.
Wärter führt den Milliardär ein.

DER ERSTE RICHTER *in das Schriftstück vertieft.* Diese Tierliebhaberei ist köstlich. *Aufblickend zum Milliardär.* Hatte es denn das schwarze Fleckchen mitten auf der Stirn?
MILLIARDÄR *hebt horchend den Kopf.*
DER ERSTE RICHTER. Das Hündchen, das Sie vom Ersäufen gerettet haben?
MILLIARDÄR *biegt sich auf.*
DER ERSTE RICHTER. War der Fluss an dieser Stelle seicht? Mit zehn Jahren wagt man sich doch nicht weit ins Wasser.
MILLIARDÄR *atmet rauschend.*
DER ERSTE RICHTER. Das Flüsschen wird wohl keine reißende Strömung gehabt haben, das am Städtchen vorübertreibt. Oder gab es im Frühling Hochwasser?
MILLIARDÄR *wiegt eigentümlich den Oberkörper.*
DER ERSTE RICHTER. Dann schossen die Fluten mit allerlei Fracht von entwurzeltem Gesträuch und Grasbüscheln dahin. Manchmal traten sie über die Ufer und drangen in die Keller. Da hieß es die Vorräte bergen. Das gab immer ein lustiges Rettungswerk. Was da alles zum Vorschein kam! Vater und Mutter griffen zu – und der Sohn leistete natürlich die wichtigste Hilfe. Er stand überall im Wege! Aber von Ihrer Unentbehrlichkeit waren Sie fest überzeugt?
MILLIARDÄR *nickt langsam.*
DER ERSTE RICHTER. Ja – solch ein kleines Städtchen hat seine Katastrophen. Jeden Tag etwas anderes. Der Wind reißt einem die Mütze weg und fährt damit um die Ecke – *Rasch.* Hatten Sie grüne Schulmützen?
MILLIARDÄR *mit rieselndem Lächeln.* Ich – –
DER ERSTE RICHTER. Erinnern Sie sich nicht mehr deutlich an die Farbe?
MILLIARDÄR. – – habe so viel vergessen!
DER ERSTE RICHTER *beobachtet ihn scharf. – Nach einer Pause.* Dauert Sie das nicht? Ich meine, man denkt doch gern an freundliche Eindrücke, die man einmal gehabt hat. Die sind doch schließlich

unverwüstlicher Besitz. Und gerade Sie haben doch allen Grund, sich an hellen Bildern der Vergangenheit zu erquicken. Ja, Sie haben eine beneidenswerte Jugend genossen. *Das Schriftstück aufblätternd.* Da liest man mit Vergnügen!

MILLIARDÄR *sieht hin.*

DER ERSTE RICHTER. Da ist alles Licht – Sonne, Sonne – Licht. Kein Schatten richtet sich auf. *Aufblickend.* Sie müssen doch Ihren Eltern unaussprechlich dankbar sein?

MILLIARDÄR *mit fast singender Stimme.* Meine Eltern – –

DER ERSTE RICHTER. Die breiteten ihre Hände über ihr einziges Kind! Haben Sie jemals einen Schlag erhalten?

MILLIARDÄR. Habe ich – – niemals einen Schlag erhalten?

DER ERSTE RICHTER. Ja, das müssen Sie mir sagen!

MILLIARDÄR. Ja – – Sie müssen es mir sagen!

DER ERSTE RICHTER *sieht ihn erstaunt an. Dann humoristisch.* Schlagen wir also das Buch der Vergangenheit auf. Kapitel eins: Elternhaus. Freundliche Kleinstadt – in grün gebettet. Vater – Pfarrer. Sehen Sie ihn vor sich?

MILLIARDÄR *vor sich hintastend.* – in grün gebettet – – Vater – – Pfarrer – –

DER ERSTE RICHTER. Kapitel zwei: Der Sohn wird geboren und ist Mittelpunkt des pfarrhäuslichen Lebens. Mit jeder Sorge ist man um ihn bemüht. Er gedeiht gesund. – An diese früheste Kindheit werden Sie sich kaum erinnern?

MILLIARDÄR. Jetzt – – kenne ich sie!

DER ERSTE RICHTER. Aber mit dem nächsten Abschnitt kommen Sie ins Fahrwasser. Die Schulzeit. Das Gymnasium ist nicht groß – wenige Schüler, unter denen Sie der beste sind. Das Lernen fällt Ihnen leicht – Sie stoßen nicht auf Widerstände – und so hat auch diese Epoche keinen Stachel für Sie. – Oder gibt es eine dunkle Wolke?

MILLIARDÄR. Wenn – – Sie es nicht wissen!

DER ERSTE RICHTER. Schön, es gibt also keine. Weiter. Damit war der Rahmen gezeichnet, in dem Sie sich damals bewegten. Es wurde Ihnen von Hause aus wie selten einem jungen Menschen leicht ge- macht – und Ihre Anlagen kamen den Absichten Ihrer Eltern auf halbem Wege entgegen. Sie entwickelten in selten hohem Maße die Fähigkeit, ein glücklicher Mensch zu sein. Kein schöneres Bild, als diese vollkommene Übereinstimmung von Mensch und Umgebung. Da gibt es kein erschütterndes Erlebnis, das das Blut vergiftet. Tag reiht sich an Tag wie die Blumenkette, die Kinder binden! – – – – *Eindringlich.* Flutet es nicht warm über Ihr Herz, wenn Sie dies Evangelium Ihrer Vergangenheit von mir erzählen hören? Es muss doch ein sehnsüchtiges Verlangen in Ihnen wach werden – nach diesem Paradiese, in dem Sie – bevorzugt vor so vielen – wandeln durften? Behütet und geliebt – vor jedem Stoß, den andere schon in diesem Alter erleiden, bewahrt. Blicken Sie nicht in einen kristallklaren See, dem man bis auf den Grund sieht – und auch da nichts findet als runde und blanke Kiesel? – Sagen Sie zu Ihrer glücklichen Vergangenheit ja – und retten Sie sich das beste, was man besitzen kann!

MILLIARDÄR *wie unter Schauern von Glück zitternd.* – – das beste – – was man besitzen kann – –

DER ERSTE RICHTER *in Erregung geratend.* Sagen Sie ja zu dieser Vergangenheit?

MILLIARDÄR *hinhauchend.* – – ja – – ja – – ja – –!

DER ERSTE RICHTER. Jetzt unterschreiben Sie Ihre Bekundung!

MILLIARDÄR *schon die Hände aufhebend.* Ja!

DER ERSTE RICHTER *zum Wärter.* Befreien Sie die Hand! *Zum Milliardär.* Ihre Zustimmung hat Sie überführt, diese Vergangenheit gehört dem Sekretär. Sie sind der Sekretär. *Da der Milliardär zögert.* Ich sage Ihnen das, damit Sie die richtige Unterschrift leisten: die des Sekretärs!

MILLIARDÄR *schreibt in die Luft.*

DER ERSTE RICHTER. Was machen Sie denn? Sind Ihnen Ihre eigenen Schriftzüge nicht mehr erinnerlich?

MILLIARDÄR *unterschreibt.*

DER ERSTE RICHTER. Die Untersuchung ist abgeschlossen. Ich hoffe, dass Sie zu dem früheren Ableugnen Ihrer Person nicht wieder zurückkehren. Es wäre von jetzt an zwecklos! *Er gibt dem Wärter ein Zeichen.*

MILLIARDÄR *vom Wärter nach rechts geführt.* – – das beste – – das beste – – *Ab.*

DER ERSTE RICHTER *steht noch nachdenklich. Dann telefonierend.* Umfassendes Geständnis!

DER ZWEITE RICHTER *kommt hinten.* Das klingt wirklich wie ein Märchen! *Er liest im Protokoll.* Das ist ja glatt gegangen. Hatte er denn die Falle nicht gesehen, in die Sie ihn lockten?

DER ERSTE RICHTER *grübelnd.* Finden Sie nicht, dass das merkwürdig ist?

DER ZWEITE RICHTER. Er war übermüdet.

DER ERSTE RICHTER. Den Eindruck hatte ich nicht: Er lebte förmlich auf, als ich ihm seine Vergangenheit erzählte!

Wärter kommt rechts.

DER ERSTE RICHTER *rasch.* Hat er mir eine Mitteilung zu machen?

DER ZWEITE RICHTER. Will er nicht schon wieder der andere sein?

WÄRTER. Nein.

DER ZWEITE RICHTER. Ist er zusammengeklappt?

WÄRTER. Er steht aufrecht und sieht nach oben und murmelt etwas.

DER ERSTE RICHTER. Wie er hier stand – – im Traum – –

DER ZWEITE RICHTER *nach einem Schweigen.* Jedenfalls wird es für ihn ein scheußliches Erwachen geben!

Fünfter Akt

Kleines Hofgeviert: auf den Schachtgrund umstehender Gefängnismauern gesenkt. Karge Grasnarbe mit fester Eisenbank in der Mitte. Eine niedrige Tür links und eine schmale hohe Tür hinten.

Wärter führt den Milliardär – nun Sträfling in schwarzem Leinenkittel mit rotem Halsrand – von links ein.

MILLIARDÄR. Der Vorhof des Todes?

WÄRTER. Sie haben hier noch eine Stunde.

MILLIARDÄR *nickt.* Das letzte Stündchen hat geschlagen. *Sich umsehend.* Milde Gepflogenheit – – über Grün tappen die Füße – – und oben strömt Himmels Blau! Erst schwerste Strafe öffnet Beglückung. *Er steht reglos.*

WÄRTER. Sollen Besucher kommen?

MILLIARDÄR. Sind Neugierige da? Ich sträube mich nicht.

Wärter links ab.
Milliardär setzt sich auf die Bank.
Wärter lässt den Herrn in grau ein. Wärter ab.

DER HERR IN GRAU *hat eine offensichtliche Wandlung durchgemacht: Sein Anzug – in Farbe wie früher – ist von tadellosem Schnitt; helle Gamaschen über Lackstiefeln, grauer stumpfer Zylinder, weiße Glacés mit schwarzen Raupen. – Rasch auf den Milliardär zugehend und ihm die Hand hinstreckend.* Noch nicht zu spät. Das ist ein wahres Glück. Ich wäre gern früher erschienen, aber die Geschäfte –! Schwefelgrube – wuchtige Sache. Ausbeute jährlich – – Von Rentabilität und Dividende sind Sie ja wohl augenblicklich einigermaßen entfernt. Das ist auch nicht der Gegenstand, von dem ich Sie zu unterhalten beabsichtige – ich wollte Ihnen danken!

MILLIARDÄR. Ich wüsste nicht –

DER HERR IN GRAU. Sie gestatten, dass ich neben Ihnen Platz nehme – auf dem Armesünderbänkchen. Man hat doch wenigstens einmal ein ruhiges Viertelstündchen. Also von ganzem Herzen Dank – Dank – und Dank!

MILLIARDÄR. Wenn Sie mir sagen würden –

DER HERR IN GRAU. Ich bin der Herr in grau, dem Sie damals die Unterschrift verweigerten unter ein Manifest, das mit einem Schlage der Welt die Harmonie schenken sollte. Sie ließen sich herbei – dass Sie sich die Zeit nahmen, bewundere ich heute am meisten – ich hätte sie nicht! – mir die Aussichtslosigkeit meines beglückenden Projektes zu demonstrieren. Ihre Argumente trafen mich wie Keulenhiebe – und ich verließ »das heiße Herz der Erde«, einen Fluch nach Ihnen schleudernd, kräftig genug, um einen Stier zu fällen. Dämmert es?

MILLIARDÄR *mit dünnem Lächeln.* Sie irren sich.

DER HERR IN GRAU. Ich verwünschte Sie schnurstracks in den Höllenpfuhl!

MILLIARDÄR. Mich nicht –

DER HERR IN GRAU. Fühlten Sie sich nicht getroffen?

MILLIARDÄR. Weil Sie jene Unterredung mit dem Milliardär hatten.

DER HERR IN GRAU *lacht unbändig.* Vor mir brauchen Sie Ihre Rolle nicht zu spielen. Stecken Sie den Sekretär in die Tasche. Oder haben Sie keine in diesem Schlafrock für die ewige Nacht? *Ihm auf die Schulter klopfend.* Sie bleiben mein Mann auf der Flucht vor dem Furchtbaren!

MILLIARDÄR *erschrocken.* Sprechen Sie leise!

DER HERR IN GRAU. Keine Angst, ich will Sie weder verraten noch befreien. Zu solcher Undankbarkeit hätte ich nicht den mindesten Anlass. Sind Sie mit mir zufrieden?

MILLIARDÄR. Sie sind der einzige –

DER HERR IN GRAU. Ihr Prozess hat mir Vergnügen gemacht. Um keinen Preis hätte ich Sie gestört. Das war ein Geniestreich, sich in den Sekretär bugsieren zu lassen und den süßen Teller seiner blanken Vergangenheit zu schlecken. Ich habe Sie ordentlich schmatzen hören, als man Ihnen endlich die herrliche Mahlzeit einflößte. Ist Ihnen jetzt wohl im Magen?

MILLIARDÄR. Es war die Rettung –

DER HERR IN GRAU. Als der Sohn – diese erhoffte schönere Wiedergeburt in Friede und Freude – sich abwärts bewegte!

MILLIARDÄR. Still davon!

DER HERR IN GRAU. Aber Sie haben doch nichts mehr zu fürchten. Und vom festen Ufer blickt man doch mit einer gesunden Schadenfreude auf das tobende Meer unter sich zurück. Sie haben sich geborgen – und in wenigen Minuten kann es Sie den Kopf nicht mehr kosten. Davor sind Sie ganz sicher!

MILLIARDÄR. Weshalb danken Sie mir?

DER HERR IN GRAU. Sagt Ihnen das ein flüchtiger Blick auf meinen äußeren Menschen nicht?

MILLIARDÄR. Sie sind mit einiger herausfordernder Feinheit gekleidet.

DER HERR IN GRAU. Nur zur Illustrierung inneren Aufbaus. Ich bin auf der Flucht.

MILLIARDÄR. Wovor – Sie?

DER HERR IN GRAU. Vor Ihrer Weltordnung!

MILLIARDÄR. Wollen Sie mich nicht wieder verwünschen?

DER HERR IN GRAU. Ich segne Sie. Aus rosenroten Wolken haben Sie mich auf die platte Erde gestellt. Auf beiden Füßen wuchte ich kerzengerade. Ihr Gesetz herrscht: Wir fliehen! Wehe dem, der strauchelt. Zertreten wird er – und über ihn weg tobt die Flucht. Da gibt es keine Gnade und Erbarmen. Voran – voran! – Hinter uns das Chaos!

MILLIARDÄR. Und erreichten Sie schon einen Vorsprung?

DER HERR IN GRAU. Ein folgsamer Schüler war ich. Reichtum häufe ich und stelle diesen blinkenden Berg zwischen mich und die anderen. Ungeheure Energien sind entwickelt, wenn man das Gesetz weiß. Man rennt noch im Schlafe und mit fertigen Projekten springt man morgens vom Bett. Es ist die wilde Jagd. Gott sei Dank, dass Sie Ihr Geheimnis nicht mit hinübernehmen – jetzt kann ich der Menschheit das wahre Heil verkünden!

MILLIARDÄR. Wollen Sie das tun?

DER HERR IN GRAU. Es ist geschehen. Mein Abfall wirkt aufrüttelnd. Alle Verbände sind gesprengt, der Kampf wütet auf der ganzen Linie. Jeder gegen jeden schonungslos!

MILLIARDÄR. Und sehen Sie ein Ziel, nach dem Sie stürmen?

DER HERR IN GRAU. Lächerlich, es gibt keins!

MILLIARDÄR. Es gibt schon eins.

DER HERR IN GRAU *sieht ihn verblüfft an.* Foltern Sie mich nicht!

MILLIARDÄR. Das liegt am Anfang!

DER HERR IN GRAU *lacht dröhnend.* Ja – Sie sind ein Glückspilz. Sie können sich über uns lustig machen. Sie haben allerdings die Ursache beseitigt, die zum Rennen aufscheucht. Aber es bleibt ein Einzelfall: So komplette Doppelgänger können sich nicht alle leisten!

– Außerdem, ich will Ihnen etwas verraten. *Eine Geste rund um den Hals vollführend.* Die meisten würden auch die Kosten scheuen!

MILLIARDÄR. Nennen Sie diesen Preis hoch?

DER HERR IN GRAU *aufstehend.* Das veranschlagen Sie wohl am besten nach eigenem Ermessen. Zimperlich sind Sie ja nie gewesen, wenn man Ihnen eine Rechnung präsentierte! – Ich würde mich gern länger aufhalten, aber – auch Ihre Zeit ist beschränkt. Jedenfalls macht es Ihnen eine kleine Freude, dass Ihre große Entdeckung nicht mit Ihnen verschwindet. *Er streckt ihm beide Hände hin.* Also Kopf hoch!

MILLIARDÄR. Solange es dauert.

DER HERR IN GRAU *lacht – seinen Hut schwenkend.* Auf Wiedersehen!

MILLIARDÄR. Wo?

DER HERR IN GRAU. Allerdings – für diesen Fall hat man die Grußformel nicht gleich zur Hand!

Wärter öffnet hinten, Herr in grau ab.

MILLIARDÄR *sitzt unbeweglich – das Kinn auf den Handrücken.*

Wärter lässt den Sohn ein. Wärter ab.

SOHN *zögert – geht dann rasch zum Milliardär, streckt ihm die Hand hin.* Ich bin gekommen – um Ihnen zu verzeihen.

MILLIARDÄR *sieht langsam zu ihm auf.*

SOHN. Erkennen Sie mich nicht?

MILLIARDÄR. – Doch.

SOHN. Mein Entschluss überrascht Sie. Vielleicht ist es sonderbar, dass ein Sohn das tut. Es ist das Geringste. Ich will Sie retten.

MILLIARDÄR. Halten Sie Strickleiter und Steigeisen bereit?

SOHN. Ich will Sie als meinen Vater anerkennen!

MILLIARDÄR *steht auf und geht hinter die Bank.*

SOHN. Machen Sie es mir nicht schwerer, als es mich schon drückt. Ich bin schuldig wie Sie. Weil ich die Waffe auf ihn gerichtet hatte. Die Kugel hatte ich für ihn bestimmt. Wer abdrückte, blieb gleich.

MILLIARDÄR. Das ist mir unverständlich.

SOHN. Glauben Sie an meine Schuld – und lassen Sie mich nicht in diesen grässlichen Dingen wühlen.

MILLIARDÄR. Haben Sie einmal gedacht – was ich getan habe?

SOHN. Was jeder tun muss, wenn er den Wahnsinn in Macht tanzen sieht.

MILLIARDÄR. War Ihr Vater wahnsinnig?

SOHN. Macht ist Wahnsinn!

MILLIARDÄR. Ja – er war mächtig.

SOHN. Und schuldig! Hinter Ihrer Schuld steht seine – riesengroß und unauslöschlich. Sie sind sein Opfer, wie ich es bin – wie alle mit irgendeinem Gedanken!

MILLIARDÄR. Wollen alle töten?

SOHN. Sie müssen es, der Zwang ist unabweislich. Die Versuchung ist von denen, die sich emporwerfen, geschaffen. Mit Gewalt erheben sie sich – mit Gewalt werden sie heruntergerissen!

MILLIARDÄR. Sie machen es sich leicht –

SOHN. Empfing ich nicht die letzte Bestätigung von Ihnen? Ich kenne Ihr Leben – ich habe atemlos die Berichte gelesen. Die reinste Kindheit und das freundlichste Jünglingsalter haben Sie gelebt – wo zeigt sich eine Anlage zur Gewalttätigkeit?

MILLIARDÄR. Auch Sie haben die reinste Kindheit –

SOHN. Und griff zur Waffe. Ich wollte aus aufwallendem Gerechtigkeitsgefühl strafen – Sie sich bereichern. Erst der Anblick von Gewalt riss Sie hin. Das Beispiel hatte Ihnen mein Vater, der immer rücksichtslos handelte, gegeben – und solange es solche Beispiele gibt, werden wir versucht!

MILLIARDÄR. Wollen Sie die bösen Beispiele ausrotten?

SOHN. Mit Ihrer Hilfe!

MILLIARDÄR. Was kann ich dazu tun?

SOHN. Sie sollen auf Ihren Platz, der Sie über andere stellt, verzichten und zu uns herabsteigen!

MILLIARDÄR. Dazu müsste Ihr Vater leben.

SOHN. Ich werde zum Richter gehen und erklären, dass ich Sie nach dieser Unterredung als meinen Vater erkannt habe!

MILLIARDÄR. Und die Koralle?

SOHN. Nichts darf im Wege stehen. Die Aufgabe ist ungeheuer. Es gibt kein Bedenken. Es dreht sich um das Schicksal der Menschheit. Wir vereinen uns in heißer Arbeit – und in unserem unermüdlichen Eifer sind wir verbunden wie Vater und Sohn!

MILLIARDÄR *schüttelt den Kopf.* Nein – so kann ich mich nicht verleugnen.

SOHN. Wenn es um Ihr Leben geht?

MILLIARDÄR. Weil es um **das** Leben geht, das Sie mir anbieten!

SOHN. Überwindung fordert es. Mich hat es Kämpfe gekostet, Sie aufzusuchen. Ich ging um der hohen Sache willen. Den Schatten meines Vaters, der hinter Ihnen steht, bannen Sie, wenn Sie diesem Werk dienen!

MILLIARDÄR. So gelingt das nicht.

SOHN. Ich gelobe es Ihnen –

MILLIARDÄR. Was?

SOHN. Ihnen Sohn zu sein, der seinen Vater nicht verlor!

MILLIARDÄR *tritt nahe vor ihn.* Soll ich Ihnen meine Bedingung stellen?

SOHN. Jede!

MILLIARDÄR. Wollen Sie mir der Sohn sein, den Ihr Vater sich wünschte?

SOHN. Was heißt das?

MILLIARDÄR. Richte du dich wieder auf dem sonnigen Ufer ein – dann könnte ich mich deinem Wunsche fügen!

SOHN *starrt ihn an.*

MILLIARDÄR. Sonst lässt sich der Schatten – der hinter mir steht! – nicht bannen!

SOHN. Wie sprechen Sie?

MILLIARDÄR. Wie Ihr Vater. Erschüttert Sie die erste Probe?

SOHN *betrachtet ihn mit scheuen Blicken.*

MILLIARDÄR *legt ihm die Hände auf die Schultern.* Es ist schön, dass Sie noch einmal gekommen sind. Gern ruht das Auge auf Menschen, die jung sind. Haben Sie nicht eine Schwester? Wollte sie mich auch als Vater annehmen? – Lockvögel seid ihr, aber dahin springen keine Brücken mehr. Sie haben mich nur fester überzeugt. Lassen Sie mich in meinem Hof. Grünt es hier nicht? – Suchen Sie Ihr Schlachtfeld. Der Frieden verleitet vielleicht zum Krieg – aber wer aus dem Blutbad auftaucht, der sucht sich zu retten. Sie wollten mir nicht helfen – da nahm ich mein Schicksal selbst in die Hand. Dürfen Sie mir nun zürnen, wenn ich Ihnen die Unterstützung verweigere? *Er führt ihn nach links.* Schelten Sie mich in keiner Stunde Ihres tatenreichen Lebens – Sie haben ja kühne Pläne – und misslingt Ihnen das eine oder das andere – und am Ende alles! – opfern Sie dem Andenken Ihres Vaters nicht mit Zorn und Vorwürfen: Er hätte Sie vor Enttäuschungen bewahrt – – aus Gründen, die zu enthüllen begreiflicherweise hier zu weit führen würde. *Da der Geistliche kommt, zum Sohn.* Da sehen Sie, es fehlt uns am nötigsten: Zeit!

Sohn ab.

MILLIARDÄR *sieht ihm noch nach.* Geistlicher ist zur Bank getreten und betrachtet den Milliardär.

MILLIARDÄR *kehrt sich zu ihm.* Der dritte und letzte Gast?

GEISTLICHER. Nach dem Anblick, der sich mir bot, ist meine Aufgabe schwer. Sie erhielten die beste Tröstung, die von Menschen zu vergeben ist: die Versöhnung mit dem Sohn des unglücklichen Vaters.

MILLIARDÄR. Nein, Sie irren: Wir sind im Streit auseinandergegangen. Und wenn ich ihn zur Tür geleitete, so geschah es, weil ich der Kräftigere war. Ich stützte den Unterlegenen.

GEISTLICHER. Suchte er Sie nicht auf?

MILLIARDÄR. Er legte mir eine Schlinge, in die ich mich verfangen sollte. Aber ich war auf der Hut.

GEISTLICHER. Er hat Ihnen vergeben?

MILLIARDÄR. Hatte er dazu Anlass?

GEISTLICHER. Sie nahmen ihm seinen Vater!

MILLIARDÄR *setzt sich.* Glauben Sie an das Recht der Vergeltung?

GEISTLICHER. Der irdischen muss ihr Lauf gelassen werden.

MILLIARDÄR. Ich habe nur Vergeltung geübt.

GEISTLICHER. Womit hatte er Sie beleidigt?

MILLIARDÄR. Die Wahl fällt schließlich blindlings. Dieser oder ein anderer. Man hat mir Mutter und Vater getötet.

GEISTLICHER *zuckt die Achseln.* Das Leben Ihrer Eltern beschloss ein friedlicher Tod.

MILLIARDÄR. Warum hatte ich dann Grund zu töten?

GEISTLICHER. In unbegreiflicher Verwirrung streckten Sie die Hand nach fremdem Reichtum.

MILLIARDÄR *nickt.* In unbegreiflicher Verwirrung – das stempelt eure Weisheit. Ich lehne mich nicht mehr auf. Ihr wölbt den Himmel über mich, unter dem ich freudig atmen soll. Überreich beschenkt ihr mich!

GEISTLICHER *nach einer Pause.* Sie haben den Wunsch nach der Koralle geäußert, ich bringe sie Ihnen.

MILLIARDÄR *nimmt und betrachtet sie.*

GEISTLICHER. Sie können mich abweisen – oder Ihr Ohr meinen Worten verschließen.

MILLIARDÄR. Sprechen Sie.

GEISTLICHER *setzt sich zu ihm.* Von der Zuflucht, die uns geöffnet ist, wenn wir aus diesem Leben, das wie ein Haus mit schwarzen Fenstern ist, treten –

MILLIARDÄR. Erzählen Sie von diesem Haus mit schwarzen Fenstern.

GEISTLICHER. Könnte das Licht breiteren Einlass finden –

MILLIARDÄR *nickt.* Das ist es.

GEISTLICHER. Aber es gibt kein Zuspät. In einer Sekunde kann der unendliche Schatz erworben werden!

MILLIARDÄR. Was ist das für ein Schatz?

GEISTLICHER. Das neue Sein hinter dieser Frist!

MILLIARDÄR. Liegt es in der Zukunft?

GEISTLICHER. Die aufnimmt, wer mit demütigem Finger klopft!

MILLIARDÄR *kopfschüttelnd.* Es bleibt der alte Irrtum.

GEISTLICHER. Gültige Verheißungen sind uns gegeben!

MILLIARDÄR. Flucht in das Himmelreich. Das wird keine Erlösung von Kreuz und Essig. Am Ende findet man es nicht – im Anfang steht es da: das Paradies!

GEISTLICHER. Wir sind vertrieben –

MILLIARDÄR. Verdunkelt das die Erkenntnis? – – Ich will Sie nicht erschüttern und Ihnen Ihr Werkzeug aus den Händen schlagen. Aber die tiefste Wahrheit wird nicht von Ihnen und den Tausenden Ihresgleichen verkündet – die findet immer nur ein einzelner. Dann ist sie so ungeheuer, dass sie ohnmächtig zu jeder Wirkung wird! – Sie suchen eine Zuflucht – ich könnte Ihnen sagen, dass Sie einen falschen Weg einschlagen. Das Ziel überspringt Sie hundertmal – und jedes Mal versetzt es Ihnen einen Keulenschlag in den Rücken. Weiter rast Ihre Flucht zur Zuflucht. Sie kommen niemals an. Dahinaus nicht – dahinaus nicht!

GEISTLICHER. So sprechen Sie zu mir: Was gibt Ihnen – ich muss es ja so ausdrücken – diese feierliche Ruhe?

MILLIARDÄR. Ich habe das Paradies, das hinter uns liegt, wieder erreicht. Ich bin durch seine Pforte mit einem Gewaltstreich – denn die Engel zu beiden Seiten tragen auch Flammenschwerter! – geschritten und stehe mitten auf holdestem Wiesengrün. Oben strömt Himmelsblau!

GEISTLICHER. Denken Sie jetzt an Ihre freundliche Kindheit?

MILLIARDÄR. Ist es nicht einfach zu finden? Deckt es sich nicht mit schon gesagten Worten: Werdet wie die Kinder? Zur Weisheit braucht es ja nur ein Wortspiel.

GEISTLICHER. Warum können wir Menschen nicht Kinder bleiben?

MILLIARDÄR. Das Rätsel lösen Sie heute und morgen nicht!

GEISTLICHER *blickt vor sich hin.*

MILLIARDÄR. – – – – Sehen Sie das?

GEISTLICHER. Die Koralle, nach der Sie zuletzt verlangten.

MILLIARDÄR. Wissen Sie, wie das vom Boden des Meeres wächst? Bis an die Fläche des Wassers – höher reckt sie sich nicht. Da steht sie, von Strömen umspült – geformt und immer verbunden in Dichtigkeit des Meeres. Fische sind kleine Ereignisse, die milde toben. Lockt das nicht?

GEISTLICHER. Was meinen Sie?

MILLIARDÄR. Ein wenig die Kapsel lüften, die das Rätsel verschließt. Was wird das beste? Nicht aufzutauchen und in den Sturm verschleppt zu werden, der an die Küsten fährt. Da brüllt Tumult und zerrt uns in die Raserei des Lebens. Angetriebene sind wir alle – Ausgetriebene von unserm Paradies der Stille. Losgebrochene Stücke vom dämmernden Korallenbaum – mit einer Wunde vom ersten Tag an. Die schließt sich nicht – die brennt uns – unser fürchterlicher Schmerz hetzt uns die Laufbahn! – – – – Was halten Sie in der Hand? *Er hebt die Hand des Geistlichen mit dem schwarzen Kreuz hoch.* Das betäubt nur den Schmerz. *Er hält die rote Koralle in seinen beiden Händen vor seine Brust.* Das befreit vom Leid!

Die hohe schmale Tür wird hinten geöffnet.

MILLIARDÄR *steht auf.*

GEISTLICHER. Ich – kann Sie nicht begleiten!

MILLIARDÄR *geht sicheren Schrittes auf die Tür zu.*

ENDE

Lightning Source UK Ltd.
Milton Keynes UK
UKHW020010100223
416721UK00002B/567